加藤常昭説教全集

34

エフェソの信徒への手紙

教文館

目　次

装丁＝熊谷博人

第一章一―一四節

聖霊のしるしを帯びて

イザヤ書第五七章一四―一九節

神の御心によってキリスト・イエスの使徒とされたパウロから、エフェソにいる聖なる者たち、キリスト・イエスを信ずる人たちへ。わたしたちの父である神と主イエス・キリストからの恵みと平和が、あなたがたにあるように。

わたしたちの主イエス・キリストの父である神は、ほめたたえられますように。神は、わたしたちをキリストにおいて、天のあらゆる霊的な祝福で満たしてくださいました。天地創造の前に、神はわたしたちを愛して、御自分の前で聖なる者、汚れのない者にしようと、キリストにおいてお選びになりました。イエス・キリストによって神の子にしようと、御心のままに前もってお定めになったのです。神がその愛する御子によって与えてくださった輝かしい恵みを、わたしたちがたたえるためです。わたしたちはこの御子において、その血によって贖われ、罪を赦されました。これは、神の豊かな恵みによるものです。神はこの恵みをわたしたちの上にあふれさせ、すべての知恵と理解とを与えて、秘められた計画をわたしたちに知らせてくださいました。これは、前もってキリストにおいてお決めになった神の御心によるものです。こうして、時が満ちるに及んで、救いの業が完成され、あらゆるものが、頭であるキリストのもとに一つにまとめられます。

天にあるものも地にあるものもキリストのもとに一つにまとめられるのです。キリストにおいてわたしたちは、御心のままにすべてのことを行われる方の御計画によって前もって定められ、約束されたものの相続者とされました。それは、以前からキリストに希望を置いていたわたしたちが、神の栄光をたたえるためです。あなたがたもまた、キリストにおいて、真理の言葉、救いをもたらす福音を聞き、そして信じて、約束された聖霊で証印を押されたのです。この聖霊は、わたしたちが御国を受け継ぐための保証であり、こうして、わたしたちは贖われて神のものとなり、神の栄光をたたえることになるのです。

永遠の契約の血による羊の大牧者、わたしたちの主イエスを、死者の中から引き上げられた平和の神が、御心に適うことをイエス・キリストによってわたしたちにしてくださり、御心を行うために、すべての良いものをあなたがたに備えてくださるように。栄光が世々限りなくキリストにありますように、アーメン。

今朝は交読詩編として、詩編第一四三篇を皆さまと共に読みました。皆さまがこの詩編にどのように親しんでおられるかはいちいち存じませんが、これは昔から教会の礼拝において特に重んじられてきた詩編であります。詩編一五〇篇のなかに「七つの悔い改めの詩編」というのがあります。私どもの罪を明確に言い表している言葉は、詩編のなかにいくつもありますけれども、なかでも七つの悔い改めの歌と呼ばれているものが、教会の礼拝の時に、あるいは一人ひとりの祈りの時に重んじられてまいりました。改革者ルターもまた、この七つの悔い改めの詩編について美しい文章を残してくれております。

詩編第一四三篇は、その最後の七番目にあたります。もしかすると、この七つの詩編のなかでは、他の詩編第五一篇、第一三〇篇などのほうが知られているかもしれませんが、これが第七番目に数えられるのは詩編の終わりのほうにあるからというに留まらない。ひとつの見方をすれば、この悔い改めの歌のなかでも、その頂点に達すると言ってもよいものであります。たとえば二節にこうあります。

あなたの僕を裁きにかけないでください。
御前に正しいと認められる者は
　命あるものの中にはいません。

皆さまのなかでも、持っておられる方があるかもしれませんけれども、引照聖書と呼ばれるものがあります。日本聖書協会も出しておりますが、聖書の言葉の下のところに、注のような形で、この節の言葉にはこのように関連する聖書の言葉がほかにあると記してくれているもので、私どもが聖書の言葉を読み解いていくのにとても役に立ちます。私はいつもそれを用いております。この二節は新約聖書の言葉が引照聖句して取り上げられている。たとえばローマの信徒への手紙第三章二〇節であります。これは伝道者パウロが、私どもの罪を丁寧に説き明かしてまいりました最後のところです。ひとは誰も自分自身を神の前に義とすることはできない。この詩編の言葉で言うと「あなたの僕を裁きにかけないでください」というように、神の裁きに耐えられる者はひとりもいない。「御前に正しいと認められる者」、これはパウロが用いている言葉で言えば「義とされる」ということですが、義とされる者は、いのちのある者のなかに、生きている者のなかにひとりもいない。それでパウロは続けて、第三章二一節に、まさにそこで、神はイエス・キリストを私どもに与えてくださって、誰も自らを義とすることができない者が神の前に義とされて、立つ道が開かれた、と語り始めるのであります。

今日は詩編第一四三篇を説き明かすときではありませんので、詳しくいちいち説いていくことはできませんけれども、改めてよく読んでくださるといいと思います。「敵」という言葉が出てきます。これは何も、イスラエルの民を狙っている敵の国のことを言うわけではありません。そうではなくて、そのような罪のなかに呻いている者が、自らを義とすることができず、神との正しい関わりに生きることができないときに、自分のいのちを脅かす者と戦うことができない。そのような意味で、敵は私のいのちを踏みにじる。「とこしえの死者と共に／闇に閉ざされた国に住まわせようとします」。そのことを思うと、「わたしの霊はなえ果て／心は胸の中で挫けます」と、そう歌い続ける。

あなたに向かって両手を広げ
渇いた大地のようなわたしの魂を
　あなたに向けます。
主よ、早く答えてください
わたしの霊は絶え入りそうです。

八節の終わりには、「あなたに、わたしの魂は憧れているのです」という言葉が記されています。私の恩師、今もハイデルベルクで健在であります、来年九〇歳を迎えるボーレン教授がここに立たれたときに、「憧れと福音」という素晴らしい講演をしてくださいました。そのときに、どのひとの魂のなかにも、神に対する憧れがある、神によって自分が新しくされることを願う憧れがある、と語られました。そのときの聖書のひとつのよりどころがこの言葉です。「あなたに、わたしの魂は憧れている」。

この詩編に続いて、旧約聖書のもうひとつの言葉、イザヤ書第五七章を読みました。私は、自分の祈りの生活のなかでは、この詩編第一四三篇とこのイザヤ書第五七章とを併せて読むことがあります。聖書は本当に不思議な書物だと思うのです。呻くような、ただ神を憧れて呼ぶよりほかないような祈りの言葉に、すでにイザヤ書を読むとその答えが見つかる。

たとえば、一七節を読むとこうあります。「貪欲な彼の罪をわたしは怒り／彼を打ち、怒って姿を隠した。彼は背き続け、心のままに歩んだ」。ここに「貪欲の罪」とあります。私どもがあとで読みますエフェソの信徒への手紙も、貪欲は偶像崇拝と、罪のなかでも最も恐るべきこころの姿と呼びました。それがここで語られておりまして、しかもそれを一八節では「わたしは彼の道を見た」と語られる。貪欲に生きる者の道を、神がじっと見続けておられる。「彼は背き続け、心のままに歩み続けた」。自分勝手に神に背を向けたまま歩んでいる。その姿を、その背中を向けられている神がじっとご覧になっている。恐ろしいことです。ここにも裁きが見えてきます。

預言者イザヤに与えられているみ言葉は、すぐ続いて、「わたしは彼をいやし、休ませ／慰めをもって彼を回復させよう」という神のみこころを告げます。驚くべきことであります。そして、やがて、私どもが知っている主イエス・キリストがこの神から送られてまいりましたときに、主イエスが語ってくださった言葉を、私どもはここで鮮やかに思い起こすことができます。「疲れた者、重荷を負う者は、だれでもわたしのもとに来なさい。休ませてあげよう」（マタイによる福音書第一一章二八節）。

呻きが語られ、罪のなかで、それでも頑強に神に背いている者に向かって、私は彼を見る、しかし、私が用意するのは彼の癒しだと、安らぎだと告げられるそのお言葉が、主イエスのお言葉によって実を結んでいます。私どもの教会は、この主イエスの招きを語り続けて伝道に励んでまいりましたし、私はいつも、この主の日の礼拝にまいりますと、この主のお言葉を思い起こします。今、主が私どもを休ませてくださる。疲れた者、重荷を負う者は、私のところに、今、来い。私があなたを休ませる。

ところで、今朝、私がここで説教をするときには、エフェソの信徒への手紙を私どもに与えられたみ言葉として読むと申しまして、改めて第一章の一節以下を共に聴きました。この一三節に「あなたがた」という言葉が記されています。すでにこの箇所については私が一度説きまして、特に三節から一四節までは、礼拝における言葉、礼拝における祈り、あるいは礼拝のなかで語られる式文のようなもの、あるいは賛歌のようなもの、そのように、いずれにせよ礼拝における言葉として理解される言葉だと言いました。三節以下に「わたしたち」という言葉が連続して語られてまいりまして、突然、一三節に「あなたがた」という言葉が出てきます。なぜなのだろうか。この「わたしたち」と「あなたがた」というのは何なのであろうか。

かつて、私が聴きました説教におきましても、こう説かれたことがあります。やがて私も説くときが来ると思いますが、このエフェソの信徒への手紙のなかには、異邦人――ギリシア人あるいはローマ人、いずれにせよ、ユダヤ人以外の人びとでキリスト者になっているエフェソの教会員になっている人びと――に語りかけていると思われる言葉があります。そして、そのユダヤ人――この手紙を書いたパウロはユダヤ人です――である自分たちとあなたがたとの間に、もう憎しみの隔ての垣根はなくなったと語るのです。キリストが私どもの平和となってくださった。私が聴きました説教でも、すでにキリスト者になっている、そのユダヤ人の「わたしたち」が、異邦人である「あなたがた」に呼びかけているのだと理解していました。そのように理解することが通例のようです。

しかし、今回、私はこの日の説教のために、この箇所について、何人かの聖書の専門家たちが解いている書物を調べてみました。大変興味深い理解にぶつかった。このひとはこういうふうに言うのです。これは説教者の言葉だ。説教者はいつも、われわれの救いを語っている。私たちキリスト者はこのように神に選ばれ、このように神の救いにあずかっている。このようにいつも礼拝で語っている。その礼拝で説教をし続けている説教者が、ここでエフェソの教会の人びとに「あなたがた」と語りかけている。自分の手紙の言葉――これも手紙で説教をしていると言ってもよいかもしれませんが、その自分の福音を語っている言葉――を綴りながら、「あなたがた」もまたキリストにおける真理の言葉、救いをもたらす福音を聴いたね、と改めてそのことを思い起こしている。改めて、私どももすべてのキリスト者に与えられている恵みのなかに、「あなたがた」も入ってきたのだ、招き入れられたのだと語りかけているのだと言うのであります。なるほどと思いました。

使徒言行録を読んでまいりますと、このエフェソの町で、パウロがどんな伝道をしたのかということが第一九章に記されております。なかなか伝道が難しかったらしい。いろいろな経験をしたようです。騒ぎまで起こっている。けれども、この使徒言行録を書いたルカは――ルカによる福音書を書いたと同じルカが書いたと思われますが――こんなふうに書いています。使徒言行録の第一九章の八節以下を読みます。「パウロは会堂に入って、三か月間、神の国のことについて大胆に論じ、人々を説得しようとした。しかしある者たちが、かたくなで信じようとはせず、会衆の前でこの道を非難したので、パウロは彼らから離れ、弟子たちをも退かせ、ティラノという人の講堂で毎日論じていた。このようなことが二年も続いたので、アジア州に住む者は、ユダヤ人であれギリシア人であれ、だれもが主の言葉を聞くことになった」。

ユダヤ人であれギリシア人であれ、エフェソにいるひとたちは皆、主の言葉を聴くようになった。福音を聴いた。真理の言葉を聴いた。それを受け入れた。パウロはひたすら説き続けた。三か月。そしてさらに二年。エフェソで伝道するといっても、ひたすら説教をし続けた。この説教をしておりましたパウロは、ローマの信徒への手紙を書きましたときに、ローマの教会のひとたちに、こういう言葉を書きました。これはキリスト教会が、なぜ説教をするかということを考えるときに、必ず引用される言葉であります。今日はいろいろな聖書の言葉の引用をいたしますが、ローマの信徒への手紙の第一〇章の一七節であります。耳で聞いてくださってよく分かる。「実に、信仰は聞くことにより、しかも、キリストの言葉を聞くことによって始まるのです」。

この「聞くこと」という言葉のギリシア語は、文字通り「聞くこと」でありますけれども、改革者ルターは「説教」と訳しました。信じるということは、説教を聴くことから始まる。そして、エフェソの信徒への手紙の言葉で言えば、まさに、そこで救いをもたらしていただく。救いを知る。そこに信仰が生まれる。

「約束された聖霊で証印を押された」と言っています。聖霊を受ける。聖霊を受けるということは、ときどき少し難しいことのように考える方があります。自分が聖霊というものを受けたのであろうか。何となく心許なく思われる方があるかもしれません。これは信仰の歴史が始まったときから起こった問いのようです。このエフェソの信徒への手紙を書いたパウロは確信を持っている。あなたがたは説教を聴いたのだ。真理の言葉を聴いたのだ。福音を聴いたのだ。それを信じたのだ。そこで救われたのだ。そこで聖霊を受けた。皆さまも聖霊を受けた。この教会も、そのようにみ言葉を説き続け、聴き続けることによって、聖霊によって生かされ続けている。

今回、全く思いがけず、ここで何度か説教をするようになりました。最初にここに立ちましたとき、私は説教をしながら、感動を感じ続けていました。何を思っていたか。一二年間、離れて生活をしていましたけれども、「ああ、この一二年間、東野夫妻がただみ言葉をここで説き続けた。東野先生がなさったことも、ただここで説教をすることだけだ」ということです。私がそこで思い浮かべていた言葉も、これは教会でやはりよく使われる言葉です。「み言葉をもって養う」という言葉です。伝道者、牧師は何をするのか。牧師です。牧師は羊の群れとしてキリストから委ねられている皆さまを養わなければいけない。いかなる糧をもってか。み言葉の糧でしかない。私は、東野先生がよくみ言葉を説き続けた、と信じる。全存在をかけて。

先月、東野先生の後任として招かれることが決まりました、今、松本東教会の川﨑公平先生がここで最初の説教をなさった。なさったあとで、私にメールで報告をくださった。たぶん報告が来るだろうと思っていた。ちょっと間があいた。やっと届いた。メールを読んで大変興味深く思いました。そのメールの中身を皆さんに紹介すると、川﨑牧師に叱られるかもしれないけれども、やっぱり伝えたい。「行ってびっくりしました。素晴らしい説教の聴き手に会いました。大勢の方が集まったけれども、遠くなかった。みんな近くにおられた。礼拝堂がよく考えられて造られていることが分かった」。川﨑牧師は私の説教の勉強の仲間です。説教塾という群れのなかにありまして、夫人ともども一所懸命に説教の勉強をしている。この説教の勉強をしている仲間は、ときどき、自分の説教の原稿を私に見せてくださる。私は鎌倉雪ノ下教会で川﨑牧師が説教をしたら、その原稿を送ってくるのが当然だと思っていた。その原稿が添えられていない。こう書いてあるのです。「説教の原稿を送るつもりでしたけれどもやめました。なぜかというと、私が鎌倉でやった説教は、説教の原稿よりもずっとずっといいです」。だから、実際にやった説教に劣る原稿は見せたくないというのです。それならば鎌倉の教会に行ったら、川﨑先生の説教の録音テープを買って帰ろうと思いました。珍しい表現なのです。

実際に原稿を用意する。多くの説教者が経験するのは、説教の原稿を書いたときにはこれで十分だと思う。けれども、とにかくこれで精一杯だと思って説教をしたけれども、うまくいかなかった、という思いを抱くことがあるものなのです。ところが、この先生はそうではないのです。説教の原稿よりずっと良かった。聴き手が良かったからだ、と言うのです。そういうことが起こるのです。このことは皆さんに報告しないわけにはいかないでしょう。そういう聴き手として育てられている。み言葉によって養われている。聖霊によって養われているということであります。

「証印を押される」という言葉があります。この言葉を、ある英国の学者が「バウチ」という英語で説明していました。読んでいて懐かしかった。バウチという言葉からバウチャーという英語が生まれていますけれども、私は、バウチャーという英語を知ったのは、ヨーロッパに行ってからです。ヨーロッパに行って旅行をするようになる。教会の客として、あちこちに招かれる。教会の本部の事務局で私の旅行の準備をしてくれます。「全部整いましたから取りに来てください」と秘書から電話がかかってくるので本部に行きます。秘書の方が、「はい、これ切符」。「これは何?」と言うと、「これがバウチャー」と言って、書類をくださいます。ホテルの予約の証明書です。今だとメールですむかもしれませんけれども、その頃はそうはいかない。秘書がきちんとホテルと連絡をとって、ホテルから予約がすんでいるという証明書を取り寄せて、それを私に渡してくれる。私はホテルのフロントでそれを渡しさえすればいい。ホテルの予約がきちんとできているか、できていないかというのは、これは旅行するときにとても大事です。今夜どこに泊まるか分からない。行ってから捜そう。やったことがありますけれども心細いものです。

宿が決まっている。行き先が全部整っている。み霊が与えられるということは、私どもの魂の行く末は全部、神によって備えられた旅を行けばいいのだということです。そのしるしが与えられている。ここでみ言葉を聴く度に、私どもはそのみ言葉によって私どもの永遠の救いのバウチャーをいただくのです。もう心配するな。旅を続けていくがいい。このような言葉がここに記されているのであります。

ところで、この三節から一四節というのは、本当は何度も説教をしなければならないところです。あるドイツ人の神学者が、この三節から一四節についての説教の手引きになるような――われわれの専門用語で言うと、説教黙想というのですけれども――黙想の文章を長々と書いています。その最初のところでこう言っているのです。ドイツの教会では三節から一四節までを教会の暦の上で、ペンテコステの次の日曜日――教会の暦が決まっているドイツの多くの教会では、三位一体主日と言います――の説教で説くことになっているのです。しかも、ドイツの説教者の説教に与えられている時間は、せいぜい二〇分です。二五分もやると嫌がられる。だから、私がドイツに行くと例外の存在とされます。説教の初めに、今日は日本流にやりますと言うと、聴き手はどういうことか分かって、笑ったりいたします。覚悟しなければならない。そのドイツの神学者は言うのです。この三節から一四節までを一回の日曜日の、しかも二〇分ぐらいの説教で説かなければいけない。たぶんあなたがたは途方に暮れるだろう。本当に途方に暮れると思います。あまりにも豊か過ぎるのです。

しかし、素晴らしい言葉です。やはりあるひとがこのところについて説き明かしていった最後に、こういうふうに言いました。壮大なスケールと精一杯に広げられたキャンバスに描かれている救い。壮大なスケール。もう測る物差しが間に合わないぐらいの大きな大きさで、そして精一杯の、もうこれ以上描けないと思われるような画布に描かれている救いの光景がここにある。そう言いながら、三節以下でパウロが言おうとしていることを、改めて読んでみせています。

「わたしたちの主イエス・キリストの父である神は、ほめたたえられますように」。これは礼拝の歌だ、詩編だ、と書いています。旧約聖書の詩編を歌い続けて、ユダヤの人びとは礼拝をし続けている。その礼拝のなかで覚えた歌を、キリスト者と歌い直しているのだと言います。「主イエス・キリストの父である神は、ほめたたえられますように。神は、わたしたちをキリストにおいて、天のあらゆる霊的な祝福で満たしてくださいました」。

「霊的な祝福」というのは、聖霊の祝福です。聖霊が与えてくださる祝福でいっぱいにしてくださっている。そのひとは言います。ここに三位一体のお姿がすでに現れている。三位一体の教理などというと、大変ややこしいことになりますし、三位一体について立派な本がいくらでも書かれますけれども、そのひとは三位一体というのはこのように礼拝において知ることができる神だと、そう言います。神は主イエス・キリストの父である。そして、その神のみわざはキリストにおいて現れ、キリストにおいて現れたみわざは、聖霊においてわれわれの満ち溢れる祝福となる。その神のみわざとは、天地創造の前に、これは私どもがすでに聴き取ったように、私どもを選んでいてくださり、私どもをキリストにおいて神の子にしてくださっていることであり、しかも、その神の子として、改めて、明らかに救いのなかに入れられたわれわれは、輝かしい恵みをたたえる存在として変えられる。そのために、私たちはみ子において、イエス・キリストにおいて、その流された血によって贖い取られ、罪を赦されている。しかも、すべての知恵と理解を今われわれは与えられている。必要な知恵はみんな与えられている。われわれは愚かではない。

特に、「神の秘められた計画」について愚かではない。これはかつての翻訳では、「奥義」と訳されました。「秘められた計画」というのも、これもとても良い訳だと思います。神さまの秘密を見せていただいているのです。秘密があるというと不安になります。われわれの救いに関わる秘密。しかし、神はその秘密をもったいぶることもなく、きちんと蓋を開けて見せてくださいます。蓋を開けるというのは「啓示」という言葉です。そして、そこで見えてきているのは、神のみこころであり、その神のみこころは、一〇節では、「あらゆるものが、頭であるキリストのもとに一つにまとめられます」。

私の恩師でありました竹森満佐一先生は、エペソ人への手紙の大きな講解説教集をお出しになりまして、そのなかで、ひとつにまとめられるというのは、みんなわれわれが同じ色で塗られてしまうことではない、と書いておられます。そうではなくて、皆がそれぞれのところを得ることだと。それぞれのおるべきところを与えられて、頭であるキリストのもとにひとつのからだとなる。そのひとつのキリストのもとにあって生きている姿が、まず、この私どもが今生きているキリストのからだと呼ばれる教会において現れてきている。

この天地が造られる前から選ばれていたことに始まり、その意味では、過去に始まり、今、すでにこの教会において、神の知恵の計画を知らされて生きている私どもが見ている将来は、私どものこの賛美の生活として最後まで続く。一二節では、「以前からキリストに希望を置いていたわたしたちが、神の栄光をたたえるためです」と言い、一四節の最後では、こう言われます。「わたしたちは贖われて神のものとなり、神の栄光をたたえることになるのです」。

具体的に言うと、私どもの賛美歌というのは、世の終わりまで歌い続けられるその歌を、今、先取りして歌っているに過ぎないということであります。私は先ほど、私どもがここで呼ばれている「あなたがた」のなかのひとりだと言いました。私ども一人ひとりの救いは小さな出来事なのです。

今年は、日本プロテスタント教会宣教一五〇年の年です。厳密に言うと沖縄ですでに伝道が始まっていますから、それを加えなければ本当はいけないと思っていまして、そうすると一五〇年を超えますけれども、この日本の地においてキリストの福音の種がプロテスタントの宣教師たちによって蒔かれて一五〇年の歴史を数えていることを記念する年を迎えています。今日はそのことについてあとでまたお話をうかがう機会があります。私もこれから――もうすでに何度かお話をしておりますけれども――何度も一五〇年について語らなければなりません。私は、しかし、この務めを与えられながら思うのです。われわれの小さな一人ひとりの救いは、一五〇年の歴史のなかにおける小さな出来事かもしれません。一五〇年の歴史を書いたなかで、「加藤常昭　洗礼を受ける」なんていうのは、どこにも記されない出来事かもしれません。しかし、日本の国における一五〇年のプロテスタント教会の歴史も、この大きなスケールの神の救いなかにあっては小さなものです。しかし、尊いものです。

川崎先生が今牧師をしておられるのは、松本東教会という名です。松本東教会という名前は、今回のことで皆さん初めてお聞きになったかもしれません。松本にあります、われわれの教会と同じ教派であります旧日本基督教会の、すでに古い歴史を持つ教会であります。しばらく教団に入っておりませんで、川崎先生の一代前の牧師のときに教団に加わりました。この松本東教会と関わりのある、そして、皆さんのなかで多くの方が知っておられる方は、島崎光正先生です。重い障害を負った、しかし、実に優れた信仰の詩人であり、それだけではなく、ひとりのキリスト者として見事に生きられた方であります。ここに何度もお出でになりました。この壇の上に、さらに高い壇を造って、みんなでその車椅子を担ぎ上げて、そこでお話をうかがったこともある方であります。島崎先生は、この松本東教会、かつての松本基督教会で、戦争が終わってから後に、植村正久先生のお嬢さまである植村環牧師から洗礼を受けられました。

この島崎先生を導いた方は、手塚縫蔵という方です。この方の名前は、皆さんあまりご存知ないかもしれませんけれども、こころに残すべき方であります。信州というのは、教育が盛んなところです。今はそういうことはありませんけれども、まだ私の若い時にはこういうことを言われました。信州の小学校の教師は優れた教師たちだけれども、多くは赤か耶蘇だと。そう言われたのです。共産主義者かキリスト者になっている。実際にそうで、この松本東教会も、今は少なくなりましたが、かつては小学校の教師が中核をなしていた教会であります。手塚縫蔵先生がおられたからです。手塚先生は小学校の校長をなさったりして、信州で活躍をなさった方です。指導的な位置にありました。おもしろいことに、東京に出てきて、植村先生のところで神学校に入って勉強をなさったこともある方です。植村正久先生は、牧師にしようとして説得して、とうとううまくいかなくて悔しがったという逸話が残っております。

この手塚先生は、しかし、松本の教会でしばしば説教もなさいました。また、長老として実に熱心に奉仕をなさいました。小学校の校長をなさったときに、もう若い時からの口ぐせで、子どもたちにこう言った。島崎先生も二年生の時に、この手塚先生が校長になられて聞いた訓示の言葉をよく覚えておられます。「松は松らしく、竹は竹らしく、牛は牛らしく、子どもは子どもらしく」。重い障害を負って、片足を引きずるようにしてようやく学校に通っていた島崎先生は、自分の障害を嘆き続けていたときに、この言葉に、まだ二年生、七歳の子でしたけれども、衝撃を受けた。「光正は光正らしく」というメッセージをそこで聴き取った。お前はお前らしく生きたらいい。自分を受け入れたらいい。やがて手塚先生の導きもありまして、成長してから洗礼を受けて、キリスト者になりました。そして、終生、この手塚先生の言葉を忘れなかった。光正は光正らしく生きるがいい。

しかし、この島崎先生はこういう言葉も語りました。「自主決定にあらずして、賜ったいのちの重さをみんなたたえている」。これは、私が島崎光正先生の遺稿詩集に加えたものであります。もしかすると先生は詩として書いたのではないかもしれないのですけれども、私が「無題」と題をつけて詩集のなかに入れました。一九九七年、ドイツのボンで二分脊椎の障害をめぐるシンポジウムがあって、わざわざ車椅子のままドイツに行って、そこで講演をしておられるのです。島崎先生は、私にも漏らしたことがあります。二分脊椎というのは重い障害です。胎児のときに、すでにお母さんのおなかにいるときに、レントゲンで見ればすぐ分かるそうです。ですから、しみじみとこう言われた。今は胎児の診断ができる。「先生、僕はね、親によっては、生まれることを拒否された子どもになったかもしれない。今も拒否されている子どもがいるかもしれないんですよ」。そんなことはあってはならないのだということのために戦った方です。そのために本まで出した方です。そして、そこで言うのです。「自己決定にあらずして」、自分が決めたんじゃないよ、この障害を負って生まれてきたのは。親も自分で決めて、自分を堕ろしてしまうというようなことをしてくれなかった。それで自分はこの世に生を享けて、このように生きている。「自分は自分らしく」という言葉は、間違って受け取られたら、俺は俺らしく生きているのだから周りの者は構うなという自己主張になります。イザヤ書の言葉で言えば、神に背を背けたまま貪欲に自分らしく生きるという思いに生きる道を選びかねない。島崎さんも自分らしく生きた。しかし、神に背中を向けてはいない。自分で決めたいのちではない。神が与えてくださったいのち。それをありがたく自分らしく生きる。あなたがたも真理の言葉を聴いた。福音の言葉を聴いた。救いにあずかった。聖霊の証印を受けた。今すでにみ霊の確かな力に支えられて旅を続けている。おめでとう。これが主の日が来る度に、私どもが聴くことが許される父・子・聖霊からの祝福の言葉であります。祈りをいたします。

ありがたくみ言葉を聴きます。ありがたく、あなたが私どもの存在にたたえてくださる新しいいのちの尊さを受け入れます。このいのちは肉体の死の時が来ても滅びません。主と共にあるいのち、主の甦りのいのちをたたえるいのちです。だから私どもは、愛に生きることができます。この聖霊信仰に生き続けることができます。望みを失うことがなく生きることができるのです。この聖霊の賜物を幼子のように受け入れ、そして、あなたの秘められた計画を知る大人として賢く生き続けることができますように。どうぞこの教会を、いや、この全世界にあって主に仕え続ける教会を、この祝福のなかに置いてくださいますように。主イエス・キリストのみ名によって祈り願います。アーメン

（2009.6.14）

第一章三―一四節

私たちのための神の企て

創世記第一二章一―四節

　わたしたちの主イエス・キリストの父である神は、ほめたたえられますように。神は、わたしたちをキリストにおいて、天のあらゆる霊的な祝福で満たしてくださいました。天地創造の前に、神はわたしたちを愛して、御自分の前で聖なる者、汚れのない者にしようと、キリストにおいてお選びになりました。イエス・キリストによって神の子にしようと、御心のままに前もってお定めになったのです。神がその愛する御子によって与えてくださった輝かしい恵みを、わたしたちがたたえるためです。わたしたちはこの御子において、その血によって贖われ、罪を赦されました。これは、神の豊かな恵みによるものです。神はこの恵みをわたしたちの上にあふれさせ、すべての知恵と理解とを与えて、秘められた計画をわたしたちに知らせてくださいました。これは、前もってキリストにおいてお決めになった神の御心によるものです。こうして、時が満ちるに及んで、救いの業が完成され、あらゆるものが、頭であるキリストのもとに一つにまとめられます。天にあるものも地にあるものもキリストのもとに一つにまとめられるのです。キリストにおいてわたしたちは、御心のままにすべてのことを行われる方の御計画によって前もって定められ、約束されたものの相続者とされました。それは、以前からキリストに希望を置いていたわたしたちが、神の栄光をたたえるためです。あなたがたもまた、キリストにおいて、真理の言葉、救いをもたらす福音を聞き、そして信じて、約束された聖霊で証印を押されたのです。この聖霊は、わたしたちが御国を受け継ぐための保証であり、こうして、わたしたちは贖われて神のものとなり、神の栄光をたたえることになるのです。

エフェソの信徒への手紙第三章二〇節、二一節をもって祝福の言葉といたします。

わたしたちの内に働く御力によって、わたしたちが求めたり、思ったりすることすべてを、はるかに超えてかなえることのおできになる方に、教会により、また、キリスト・イエスによって、栄光が世々限りなくありますように、アーメン。

思いがけないことでありまして、また鎌倉雪ノ下教会のこの説教をする場所に、これからもいく度か立つようになりました。それほどきちんと順序を追ってということにはならないと思いますし、いつもそうするというわけではないのですが、できるだけここにおいて私が説教をしますときには、このエフェソの信徒への手紙をご一緒に神の言葉として聴くことにしたいと願っております。

このエフェソの信徒への手紙は、まことに豊かなみ言葉に満ちているものでありまして、私は北海道から沖縄まで、ずいぶん多くの教会に招かれて説教をいたしますが、そのなかで比較的多く、このエフェソの信徒への手紙を説いております。特に愛して読んでおられる方が、皆さまのなかにあるかもしれません。ただそのなかで、大変正直な感想を申しますと、この第一章は、主のお甦りの祝いの日に一五節以下をご一緒に聴きましたけれども、すぐに分かるというものではないかもしれません。皆さまのなかで愛唱聖句、いつも読んで慰められるみ言葉が与えられている方が多いでしょうけれども、ゼロではないかもしれませんが、この第一章一五節以下、また三節から一四節までにその愛唱の聖句がある方は、それほど多くないのではないか。復活の主日に一五節以下を共に聴きまして、改めてこころ開かれて、愛読するようになった方があるかもしれない。そうであるならば、その願いも込めまして、今日一回だけでなくて、また機会が与えられたときに、もう一度聴き直しますけれども、この三節から一四節も、まことに豊かな言葉に溢れているところですので、できるだけ耳をそばだてて聴きたいと願う。

原文はギリシア語で書かれております。私はギリシア語を多少勉強しましたし、当然のこととして、ここをギリシア語の原文を開いて読みます。正直に言ってすんなり分かるわけではない。学者たちが丁寧に解きほぐして、読み解く道を与えてくれます。その手引きのままにこつこつこつこつ読んでいきますと、その言葉のひだのなかに入り込んでいく喜びを味わうことができます。

ある聖書学者が、この三節から一四節までの部分を、「モンスターのようなギリシア語」という呼び方をしました。どうも聖書学者の間では、そういう言い方が流行ったことがあるようです。モンスターというと、怪物というのでしょうか、手がつけられないというのでしょうか。いやそれよりも、おそらくモンスターという言葉を使ったときに、それは自分たちの手に余るほどの豊かなものにぶつかる驚き、恐れが言い表されているのではないかと私は想像する。

考えてみると、ほぼ二〇〇〇年前にこの言葉がすでに記されたのであります。私ども二一世紀に生きている人間というのはときにこう考える。人類の歴史のなかで今が一番人間が賢い時期だ。人間の能力を最大に発揮している。まだ先に発達の可能性はあるでしょうけれども、とにかく、素晴らしい世界を造っている。それに比べると古代は、文明も貧しく、あらゆることにおいてひとの働きはまだ素朴で貧しかった、と考えてしまう。ときには粗野であったとさえ考えるかもしれません。けれども、私は聖書を開きますと――旧約聖書などになりますと三〇〇〇年以上遡ることができる。あるひとは三五〇〇年などと申します――、その時代にこのような言葉が綴られたということは、いかに神のみ霊の助けがあったとはいえ、驚くべきものだと思います。

このエフェソの信徒への手紙第一章三節以下、一節以下と言ってもよい、この部分の文章もまた見事なものでありまして、私どもが今日、これほどの言葉を、神の啓示を与えられたと言っても、書くことができるかどうか。それほどのいわば奇跡的な言葉がここに記されている。どうしてこういう言葉が生まれたかということは、専門家たちがいろいろと推測をいたします。あるひとは、これは礼拝における賛美歌がもとになっていて、こういう歌を当時の教会が歌ったのではないかと言うのです。あるひとは、礼拝における賛美歌ではなかったかもしれないけれども、礼拝で用いられていた礼拝の導きとなった言葉、祈りの言葉ではなかったかと考える。あるひとは、洗礼入会式が行われたときに語られた言葉ではないかと考える。またあるひとは、説教ではないかとさえ申します。皆、根拠があって、これが正しいとは言えないかもしれませんけれども、そこで興味がありますのは、すべて礼拝の言葉がここにあると考えることであります。何もこれは、学者でなくても、われわれでも分かる。

「わたしたちの主イエス・キリストの父である神は、ほめたたえられますように」。一四節は、神の栄光をたたえる言葉です。神をほめたたえる。これは何よりも礼拝の行為です。しかも、ひとりではない。「わたしたち」と言っているのですから。当時はこのような立派な礼拝堂はなかったでしょう。ときには戸外であったかもしれない。しかし、教会が集まるところに賛美の声が起こる。そして、賛美の声がこのように形作られてまいりました。エフェソの信徒への手紙は、そのような礼拝の言葉から始まるし、おそらくこの手紙全体が、その教会の礼拝のなかで読まれたと考えることができます。ここに礼拝する群れがいる。そうなると、私どものこころはかき立てられます。どんな言葉で、どんな思いを語ることによって、あるいはどのような言葉を聴くことによって、その礼拝が成り立っていたのであろうか。

礼拝。礼拝する者たち。こういう言葉を思い起こすと、その連想において思い起こし、そして、いろいろな集会で語ることがあります。私が鎌倉雪ノ下教会を辞してから、ひとつ大きな仕事をしました。この教会のこの場所で説教をしてくださったこともある、ハイデルベルク大学の教授であり、親しい友人でもあるメラー先生が編集しまして、ドイツ語で三巻、日本語では一二巻になる『魂への配慮の歴史』という本の翻訳をしました。「魂への配慮」。少し聞き慣れないかもしれませんけれども、二〇〇〇年のキリストの教会がしてきたひとつの大きなわざが、一人ひとりの魂のためにこころを配ること、魂への配慮です。この「魂への配慮」と呼ばれている教会の務めを、私どもの間では日本語で「牧会」という言葉で言い表しました。しかし、「牧会」の会は「教会」の会でありまして、「会」というのは「ひとつの集団」を表します。その集団を牧師が世話をすることと考えられてしまいますけれども、その「牧会」と日本語で訳されてきたドイツ語は、会を牧するというよりも、一人ひとりの魂のためにこころを尽くして、世話をしてあげる、みとってあげると言ってもよい。あるいはもっと正確に言うと、慰めてあげるということです。そういう務めを教会は担ってまいりました。そして、その務めのために召されてきたひとたちを「牧会者」と言います。メラー先生は教会の初め、聖書の時代から二〇世紀に至るまで、第二次世界大戦後の時代に至りますまでの教会の歴史のなかで、大変優れた働きをした魂への配慮に生きた牧会者たちのなかから六〇人を超える人数を選びまして、それぞれの専門家に紹介をさせている。そのひとの伝記や言葉やしたことを報告させています。

実に豊かなものでありまして、ここの図書室にも置かれております。プロテスタントだけではない。カトリックのひともずいぶん入っています。それだけではないのです。ロシア正教会の長老たちというのがおります。正教会というのは日本では、あるいは東京では、御茶の水にあるニコライ堂がそうでありまして、この日本ハリストス正教会と同じ教会がギリシアにあり、ブルガリアにあり、各国にあります。ロシアにもあり、ロシア正教会というのは、皆さんもときどき、テレビなどでご覧になることで、知っていると思います。

しばらく前に、新しい翻訳が出て、再び人気が出ましたのに、ドストエフスキーの『カラマーゾフの兄弟』という小説があります。私は中学三年生の時に、夢中になりまして、一年に三回通読したことがあるほどに熱中しました。そのなかにゾシマ長老というのが登場するのです。長老って何だろう。そのなかでドストエフスキーも説明しておりますが、このメラー先生が編集した『魂への配慮の歴史』の第一二巻にロシア正教会の長老たちというのが登場してくる。長老というのは何かという説明があります。ロシア正教会はカトリックによく似て、修道士たちが活躍した。その修道士たちのなかで、特に愛され尊敬されているひとたちが、教会の役職、職務としてではなくて、いわば、みんなにそう呼ばれるようになったひとたちがいる。長老と呼ばれるようになったとありますが、昔から教会に生きて、教会に集まるひとたちのみとりをいたしました。驚くことにスターリンの圧制の時代、教会が押しつぶされるかと思うようなときにも、この長老たちが活躍し、伝道をし、多くのひとを慰めました。

メラーさんがそのなかでしておりますひとつの仕事は、その圧制の時代に、ひとりの長老から――あるいはふたりの長老と言ってよいのですが――指導を受けて洗礼を受けた女性の哲学者と言ってもよい、作家を登場させています。このひとは、追われてドイツに亡命し、やがてフランスに行き、戦後、ヨーロッパで知られる信仰の文筆家になったひとであります。そのひとを登場させております。このひとを導きました長老は、アレキセイと言いまして、大変伝道力がありまして、圧政下にありまして、何度か一〇〇人を超えるひとの洗礼式をしている。一〇〇人の洗礼式をこういうところでやることは不可能であります。一〇〇人だけではない、その家族、関係者が集まり、礼拝堂がいっぱいになるので、その洗礼式は、しばしば戸外で行ったと、記されております。

この女性が、自分が受けた指導について、こんなことを言っています。特に尊敬するある長老が「おしゃべりに熱中するな」と言ったそうです。女性には手厳しい戒めですけれども、おしゃべりに熱中するな、と。おしゃべりすることをやめて、集中することを学びなさい。その集中するということは、そのひとに厳かな姿勢を生む。どこか厳かな心映えが見えてくるような生き方をしなさい。それを受け止めて、この女性はこう言うのです。「正教会の信仰に生きる者は、誰であってもホモ・リトゥルギクスなのです」。

実は、私はこの「ホモ・リトゥルギクス」という言葉を流行らせたくて、いろいろな講演のなかでも引用したり、書いて見せたりするのですけれども、どうも発音が難しいらしくて、それほど流行っているとは言えません。ラテン語です。ラテン語で言わなくてもいいと思います。リトゥルギクスというのは「礼拝をする者」という意味です。皆さんも学校で学ばれたことであろうと思いますが、ギリシアの時代から「ホモ・サピエンス」、人間は知恵のひとであります。「ホモ・ファーベル」といえば、ものを造るひとです。頭を使ったり、あるいは技術を用いてものを造ったりするところに、人間の本領があるという考え方です。現代と言っても、もう少し古い時代のひとになりますが、オランダのホイジンガというひとが『ホモ・ルーデンス』という本を出しました。「遊ぶ人間」という意味です。おもしろい言葉です。人間の本領は遊ぶところにある。私どもをほっとさせるような言葉です。それに対応して、このロシアの教会では、人びとが「ホモ・リトゥルギクス」として育てられた。礼拝する人間として育てられた。

この長老はこういう言い方をしています。礼拝に生きることによって純化されるのは意識だけではありません。私どものこころと言ってもよい。意識だけが純粋になって、汚れなき者になって、いつも神さまのことを思うというだけではない。礼拝に生きると顔つきが変わります。歩き方も声もまなざしも変わります。そう言うのです。

私はちょうどこの文章を訳していたときに、ひとつの経験をしました。ある教会の礼拝に招かれた。

その教会の礼拝堂は、いろいろな会議や何やらでよく集まるところですから、よく知っている。地下鉄の駅を降りたら、ああ行って、こう行ったら、この教会堂の前に出る。よく知っている道だと思うものですから、私の悪い癖で、あまり道のことを考えないで、少し考え事をしていた。ふっと気がつきましたら、知らない町のなかを歩いているのです。周囲を見回しても教会堂が見えない。途方に暮れました。いつも来ているところですから、教会の住所を持ってきているわけではない。電話をかけようと思っても、公衆電話もない。あっ、と思いましたら、人通りの激しいところですけれども、向こうから、今でもその姿をよく覚えていますけれども、褐色の服を着た中年の女性が、同じ色の風呂敷であったかと思いますが、包みをしっかり胸の前に抱きかかえて、まっすぐ向いて歩いてこられる。他のものに見向きもしない。まっすぐ歩いてこられる。私はその女性の姿を見て、ああ、これは教会の礼拝に行くひとに違いない、と思った。さっさと決めました。その女性をやり過ごしてから、そのあとを、少し距離を置いて気づかれないようについて行った。無事、目的の礼拝堂に入った。入ってからお礼を言いたいくらいでしたけれども、なるほどと思いました。顔つきも違う。声を聞いたわけではありませんでしたけれども、礼拝に行くひとは見るからに礼拝に行く顔をしている。

皆さんもそうだと思います。分かる。そういう生活を覚えた。キリスト者が日曜日に礼拝に行くことを怠ると、一週間が全部空しくなり、満たされないままになります。結局のところ、正教会のキリスト者は礼拝本能とも呼べるものが発達するのであると、この長老が言っておりました。本能になるのです。本能になってしまう。町に出ると鎌倉雪ノ下教会に行ってしまう。まるでミツバチが花のところに急ぐように。素晴らしい言葉だと私は思いました。そして、このエフェソの信徒への手紙を書いているひとも、その礼拝本能に生かされているひとだと思います。

「わたしたち」と語っています。自分ひとりのことを語っているのではない。自分も属している教会の話をしているのです。この教会の話をしている。その教会である私たちのことを、五節では「イエス・キリストによって神の子にしようと、御心のままに前もってお定めになった」者たちだ、と言っている。私たちは神の子になる神の定めを与えられている。神の子になりきってしまう。その本能が与えられている。子どもに本能が備わっているように。欲しいものがよく分かっているように。私どもは神の子どもにされる。それが救われるということです。私どもの教会においても『雪ノ下カテキズム』という私どもの信仰の内容を語っているものがありますが、その最初に何と書いてあるかというと、救いの喜びとは、私どもが神の子にされること、神を天の父と呼ぶようになることだと言っております。パウロも神が私どもを神の子どもとしてくださったことを、喜んでいるのです。

ところで、こころにひとつ留めたいことがあります。それは、この三節の「ほめたたえられますように」という言葉がありまして、続けて「神は、わたしたちをキリストにおいて、天のあらゆる霊的な祝福で満たしてくださいました」と記されてあります。「ほめたたえる」という言葉は、先ほどから言っていますけれども、原文のギリシア語では「良い言葉」です。それがここでは用いられている。「賛美」を意味すると理解されているのです。「良い言葉」を語るということは「ほめたたえる」ということです。実は「祝福」と訳されている言葉も同じ言葉なのです。神が私どもに良い言葉を語ってくださると、それが祝福になり、私どもが神に良い言葉を語ると、それが賛美になるというのです。このところを、日本語としては少しよくないかもしれませんけれども、原文のギリシア語を解きほぐして読んでみるとこういうふうになります。

「神、そして、私たちの主イエス・キリストの父である方は、良い言葉をかけられる方（「受けるべき方」と言ってもよいかもしれません）、この神は天において、キリストにおいて、満ち溢れるすべての良い言葉によって、私どもに良い言葉を語ってくださいました」。これでは聖書の翻訳にはなりません。新共同訳は少しややこしいギリシア語の文章を、三節から一四節まで、大変きれいに、きちっと訳していてくださいます。新共同訳の通りですけれども、今、私がどうしても聞き取っていただきたかったのは、この「良い言葉」が溢れているということです。神のほうからも溢れていますし、私どものほうからも神に良い言葉をおささげするのです。

ドイツに行きまして、初めて聞いてびっくりした言葉があります。「私たちが神を祝福する」という表現です。祝福というのは神から来るものだと思っていましたら、私たちも神を祝福するというのです。しかし、考えてみると、神を呪う言葉もあります。神を呪うことも私どもは知っている。神に悪い言葉を投げかける。神に対する呪いの言葉は世界に満ちているかもしれませんが、そのなかでキリストの教会は、神を呪わない。神に向かって良い言葉をささげる。「神を祝福する」とも訳すことができます。教会は、そういう良い言葉の集団、祝福の集団だと言うことができると思います。良い言葉を与えられている。良い言葉でお答えする。声が良くならないわけにはいかない。

かつて、ある教派の牧師の研修会に招かれました。そこで、説教の勉強をする。その教派の先生方がどんな説教をするのか、あらかじめ説教をいくつか送ってくださいと頼んで、カセットテープをいただいた。それを聴いて、私の感想から、その研修を始めた。最初のところでこう問うた。「いくつもの説教を聴きました。皆さん良い声です。まずそれに感銘を受けました。どうして良い声で説教をなさるのですか」。返事がなかった。そんなことは言われたことがなかったのかもしれません。すぐに答えはなかった。しばらくしたら、後ろのほうに座っておられた宣教師の方がこう言われた。「私たち伝道者は、皆さんを神さまの祝福、恵みに招きます。恵みに招く言葉が悪い声だと困ります」。なるほどと思いました。喜びの声で、神の恵みへ招きたいと言うのです。声の響きだけではない。ときには風邪をひいてしゃがれているかもしれないけれども、中身は良い。その良い声をもって、神に賛美をささげる。

「神の恵みへ招く」と宣教師は言ったと言いましたけれども、またここに出てくるひとつの際立った言葉は、お気づきになったと思いますけれども、「恵み」という言葉であります。四節には「わたしたちを愛して」とありましたが、同じようなことでありまして、六節には「神がその愛する御子によって与えてくださった輝かしい恵み」とあります。七節では「その血によって贖われ、罪を赦されました。これは、神の豊かな恵みによる」とありました。八節では「神はこの恵みをわたしたちの上にあふれさせ」とあります。

何を語っているかというと、神の恵みのみわざを語っている。ここにこんなに良い言葉でほめたたえる恵みの出来事が、恵みの事件が起こっているではないかと、そう申します。その恵みの出来事は、先ほど申しました言葉で言えば、神のみ子にしようとしてくださっているということです。この「神の子にする」という言葉は、翻訳の際に原文を少し整理しているところがありますが、整理しないで訳すと、「イエス・キリストによって（あるいは「イエス・キリストを通じて」「イエス・キリストに向かって」、あるいはここは代名詞を使われているので、「神」と訳すひとのほうが多いかもしれません）神に向かって（「神のために」と訳すひとがいますが）神の子にしよう」と続くのです。私どもが神の子にされると言ったら、それはどういうことかというと、イエス・キリストを通じて、イエス・キリストのために、あるいはその父なる神のために、神の子になることだ、と言うのです。つまり、自分のためではないということです。神の子にされた者は、生き方がはっきりするのです。神のために生きる。イエス・キリストのために生きるのです。

話があちらこちらに行くかもしれませんけれども、そのすぐ前のところで、四節に「御自分の前で聖なる者、汚れのない者にしよう」とあります。この「汚れのない者」というのは、かつて私どもが聞いていた口語訳では「傷のない者」となっていました。皆さまも名前を聞くことがある、私の先生でありました竹森満佐一先生は、この「聖なる者」「傷のない者」は、神への献げ物の特質であると、言われました。イエス・キリストによって神の子とされる。それは神に向かってのことだ。神の前に出ることができる。自分自身を献げ物として出ることができるように、われわれは神の子となる。実際にわれわれはここで礼拝をして何をしているかというと、ただ献金をささげただけではない。祈りのなかで、「私どもを献げる」と言ったのです。それが礼拝のこころであります。

こういうこの祝福を、四節では「天地創造の前に、神はわたしたちを愛して、御自分の前で聖なる者、汚れのない者にしようと、キリストにおいてお選びになりました」と記しています。選びということです。エフェソの信徒への手紙は、この後、キリスト者の生活のことを丁寧に語っていきますけれども、そのキリスト者の生活は、何よりも、神の子としての生活です。この神の子として選ばれているという信仰が、ここで語られています。

この私どもの教会も、プロテスタントの大きな流れから言うと、改革派の流れを汲んでいます。ジュネーヴの教会の牧師だったジャン・カルヴァンから始まった。このカルヴァンは「選び」、かつては「予定」という言葉をよく使いましたけれども、神の選びを語ったことで知られています。私の前任者は松尾造酒蔵先生。松尾造酒蔵先生は、四七年間牧師をなさった。その前に、たった一〇か月でしたけれども、この教会の牧師でありましたのが、後に信濃町教会の牧師になられた高倉徳太郎先生です。この高倉徳太郎先生も「選び」ということを一所懸命にお語りになりました。私がかつて勉強したときに確かめたことですが、ちょうどこの鎌倉に東京から通っておられたときに、高倉先生が最も関心を注いで、学ばれたひとつの神学的なテーマが「神の選び」であったと私は思っています。その後、何度か、選びについて説教をなさるようになりましたが、そのなかで、この高倉先生は、「神が先手を打ってくださっている」と言われました。「先行の恵み」という言葉があるので、それを少し言い換えておられるのでしょう。私が手を打ってキリスト者になったではない。神が先手を打たれた。いつも神の手が先だ。

しかも、このエフェソの信徒への手紙は、先手も先手、天地創造の前です。明らかに私どもがいなかったときです。いなかったときに、神がすでに私どもを選んでおしまいになった。キリストの教会を選んでおしまいになった。ユダヤの民をお選びになる前に、私どもを選んでおしまいになっておられる、とまで言うことができる。

この教会にありまして、ずいぶん多くの方の葬式をしてまいりました。何人もの方のことを思い起こしますが、特に、その逝去に至ります歩みにも付き添った方のひとりで、印象深い歩みをなさったのは、川上喜久子という、作家の方であります。銀行員の方の妻となられて、鎌倉で最期を迎えられました。かつて女流文学賞という、今でもあります賞が作られた頃、平林たい子さんと並んで賞を受けられて、当時よく知られた作家となったのですが、結婚生活を選んで、夫に仕えることに一所懸命生きて、文筆を折った方であります。

この方が結婚してから信仰を与えられた。昔の朝鮮に、その夫の勤め先について行きまして、まだ若き主婦であったこの方は、とても悩んだ。この方が何に悩んだかというと、こういうふうに書いた。「父母《ぶも》未生《みしょう》以前の闇を恐れ」というのです。「父母未生」というのは仏教の用語です。父母が生まれる前は闇だった。そこで自分はどうなっていたのか。ふつう人間はこの自分が、闇に帰ると思い、死後の闇を恐れます。けれども、喜久子さんは作家にもなるような繊細な感覚でしょう。今、私はこう生きているけれども、以前はどうだったのだろう。無の闇のなかにいた。そのことを考えると、とても恐かった。

そして、秋月致《いたす》という日本基督教会の牧師を訪ね、その説教を聴くことによって救いを得たのです。闇のなかに光を見た。その闇のなかで神の恵みのみ手を見た。神がそこで私の存在をしっかり捕まえていてくださるお姿を見た。それがイエス・キリストにおいて明らかに示されていることを知った。そして洗礼を受けた。だから、その死は安らかなものでした。この教会堂が建ったときに、もう癌になっておられた。献堂式にもお出になることができなかった。これはこの前のイースターの礼拝でお話ししたことであります。ひとりでやって来られた。「間に合いましたね」と言われた。自分の葬式の場所がここに備えられた。先の闇のなかに光があり、癌で、いわば地上のいのち半ばにして倒れるかもしれないけれども、これもまた、光のみ手のうちにある。このエフェソの信徒への手紙は、そのような意味で、私どもの地上に生きる生活を、肉体が生まれた誕生から、肉体の死で終わるということだけでなくて、神の大きなみ手のなかで、捉え直すことを教えるのです。

八節に「知恵と理解」という言葉があります。「神はこの恵みをわたしたちの上にあふれさせ、すべての知恵と理解とを与えて」。ある聖書学者はこのところに注を加えて、日常生活の知恵だと言いました。そのひとは、この「理解」は、日本語で言うと「悟り」と言ったほうがよいと言っています。もう少し別な訳語があったほうがよいと思いますが、そういう意味の言葉でして、いつもこれからのことに備える知恵という言い方をしました。日常の生活でもとても大事なことはこういうことです。いつも備えている。覚悟して生きる。その日常生活の知恵は、天地創造の先にある神の光を見ることから始まる。すでにそこで語られていた良い言葉が、今ここで語られているということを聞き取る。その良い言葉の最も具体的な現れは、明らかに主イエス・キリストであります。

七節に申します。「わたしたちはこの御子において、その血によって贖われ、罪を赦されました」。神の子になる資格は全くなかった。選ばれる資格は全くなかった。だから神が先手を打たれたとしか言いようがない。神がすべて私どもの思いに先立って、決してくださった。私どもを選びのなかに置いてくださった。その選びの現れが、これからあずかる、主の聖餐であります。み子イエス・キリストは、みこころを表すために、血を流してくださいました。そして、神の前にささげるに足る、聖なる傷なき者としてくださいました。贖うというのは、ご自分のものにしてしまうということです。そのために罪を赦し、汚れなき者にしてくださるということであります。神の子というのはキリストのものです。ここに私どもの祝福があります。
かつてこの教会で、やはり葬式をいたしました印象深い方のひとりは、村上治という長く牧師として生きられた方であります。この方の説教集を私どもが編集して出しました。『祝福の基』というのです。それは先ほどの創世記第一二章に「祝福の源」と訳されている言葉であります。選ばれた民の先祖であったアブラムは、ヘブライ人への手紙の言葉で言えば、行く先が分からないまま、ただ神に選ばれ、神に呼ばれ、それまでの故郷を離れました。見えているのは祝福だけです。祝福の旅をいたしました。祝福の基となりました。私どももまた、この祝福の基である主イエス・キリストによって、私どももまたキリストに似た祝福の基、源として、すでに生きることを許されているのであります。祈りをいたします。

神の民の旅が続いています。私どももまた祝福から祝福への担い手として、選ばれてここに生かされています。神の子として歌うことを許されています。み子イエス・キリストの肉と血によって与えられたきよめの恵みをしっかりいただいて生きております。その恵みを、今、新しくこの存在に刻むための食卓にあずかります。真実の悔い改めとこころ開く思い、良い言葉に溢れるほどの思いを、み前にささげることができますように。憲法の歩みを記念しながらこの日を過ごしているこの国のなかにありまして、この教会がこの国の祝福の源であり続けることの大切さを、改めて知ることができますように。主イエス・キリストのみ名によって感謝し祈り願います。ア

ーメン

(2009.5.3)

第一章一五―二三節

いのちのまなざしを開く神

ホセア書第六章一―三節

　こういうわけで、わたしも、あなたがたが主イエスを信じ、すべての聖なる者たちを愛していることを聞き、祈りの度に、あなたがたのことを思い起こし、絶えず感謝しています。どうか、わたしたちの主イエス・キリストの神、栄光の源である御父が、あなたがたに知恵と啓示との霊を与え、神を深く知ることができるようにし、心の目を開いてくださるように。そして、神の招きによってどのような希望が与えられているか、聖なる者たちの受け継ぐものがどれほど豊かな栄光に輝いているか悟らせてくださるように。また、わたしたち信仰者に対して絶大な働きをなさる神の力が、どれほど大きなものであるか、悟らせてくださるように。神は、この力をキリストに働かせて、キリストを死者の中から復活させ、天において御自分の右の座に着かせ、すべての支配、権威、勢力、主権の上に置き、今の世ばかりでなく、来るべき世にも唱えられるあらゆる名の上に置かれました。神はまた、すべてのものをキリストの足もとに従わせ、キリストをすべてのものの上にある頭として教会にお与えになりました。教会はキリストの体であり、すべてにおいてすべてを満たしている方の満ちておられる場です。

昨年の主の甦りの祝いの時にもここにおられた方たちがあるかと思います。いや、ほとんどがそうであったかもしれません。ただ、そのときに礼拝の司式をし、説教をなさった東野牧師たちが、今は別の教会で同じ祝いの時を過ごしておられる。このことは、どなたも、誰ひとり、東野先生夫妻もまた、予想することはなかった。思いがけないことを神はなさるということを、私どもはこういう形においても体験をしております。

それはまた、皆さまお一人おひとりの人生でも同じことであって、今ここに自分がいることさえ不思議であると思っておられる方もあるかもしれません。教会といたしましては、幸いにして、すでに多くの方がご存知のように、来年の春になりますが後任の教師が与えられました。私が大変よく知る若い伝道者夫妻でありまして、私はこの伝道者がこの教会に迎えられることを、一所懸命に祈り、願い、それが見事に聞かれた喜びを、東野牧師を失った悲しみに重なるようにして感じております。

私個人といたしましては、もうすぐ八〇歳の齢を数えるときに、よもや鎌倉雪ノ下教会の復活主日の礼拝の説教のみならず、司式までさせられるとは思ってもいなかった。第一回の礼拝では、緊張しすぎたか、何度も順序を間違えまして、自ら苦笑し、お詫びを繰り返しておりました。今回は私自身にとりましても、思いがけないことでありまして、しばらく前に、はっきり自分が座っていた場所も覚えておりますけれども、何も予告なしに、復活の主日の礼拝に会衆のひとりとして出席いたしました。実はそのとき、もしかすると、これが人生における鎌倉雪ノ下教会出席の最後になるかもしれないという思いさえ抱いて帰ったのであります。それが今日ばかりではない。これから一〇回を数える、いや、一〇回以上数えてここに来ることになりました。ただゲストとして招かれたというような思いだけではなくて、落合伝道師を助け、荒木先生を助け、自分もまたその伝道者仲間にもう一度呼び戻されたという思いがしております。そして、この教会にあって伝道者の陣営に呼び戻されるということは、ここにあって、使徒言行録にある最初の教会の説教において語られたように、私たちは復活の証人、主はお甦りになられたと、ここで宣言することであります。日曜日はいつも復活の記念の日であります。主がお甦りになられたということをここで皆さまと祝い続けるために、その証し人として召されているという光栄を思う。人生の最後の道のりに、このような務めが与えられたこともまた、神の恵みと感謝しております。

鎌倉雪ノ下教会の牧師を辞めてから、私が実にさまざまな多く教会、沖縄から北海道までの教会を訪ねて説教いたしますときには、ドイツでも説教いたしましたが、そのときに、ここでしている説教と少しスタイルを変えました。それは説教の最初に挨拶をするのです。しかし、ただ「おはようございます」などというような挨拶ではない。古来の教会の伝統では、説教者が最初に説教者らしく祝福の挨拶をすることを習慣とすることが多かった。そのことの大切さを思い起こしてのことであります。ですから、またここに立って説教をするときには、こういうお断りをしないで、いきなり祝福の言葉から語り始めることになるかと思います。

このようなときに、私が大変よく祝福の言葉として読んでまいりましたのは、新約聖書のヘブライ人への手紙第一三章二〇節から二一節に記されているものでありますが、これは「羊の大牧者の祝福」と呼ばれるのが常であります。しかし今、私が朗読する祝福の言葉をお聞きになると、これはまた、お甦りの主の祝福と呼んでも少しも差支えがない。主の甦りの事実に根ざす祝福であります。この復活主日の説教の冒頭において、しかるべきものと信じております。

永遠の契約の血による羊の大牧者、わたしたちの主イエスを、死者の中から引き上げられた平和の神が、御心に適うことをイエス・キリストによってわたしたちにしてくださり、御心を行うために、すべての良いものをあなたがたに備えてくださるように。栄光が世々限りなくキリストにありますように、アーメン。

一〇回を越えてここで説教をする。ある方にすでに問われた。かつてここで説教をしていたときには、いつも決まった聖書の文書を、連続講解説教と申しまして、初めから順番通りに、皆さまと一緒に聴き続けた。それと同じことをするのかと尋ねられた。そうだとも言えるし、そうでもないとも言える。つまり、連続で順番通りに説教はしない。しかし、ひとつの新約聖書の文書を説くということにおいては変わらない。エフェソの信徒への手紙をご一緒に聴くことにした。このエフェソの信徒への手紙をここで読みたい、聴きたい、と思ったのは、私が愛読しているからで、いろいろな教会で説き続けてきたものであるとも言えます。しかし、もうひとつの理由がある。

もう皆さまのなかで直接に知っておられる方はずいぶん少なくなったのではないかと思うのですが、私の前任者は、松尾造酒蔵という、大変優れた牧師でありました。四七年、ここで牧師を務められた方です。一九六九年、その職を退かれるときに、それを記念いたしまして、『エペソ教会に学ぶ』という書物をキリスト新聞社からお出しになりました。もう入手不可能と思いますし、皆さまのなかでどれだけの方がこの書物を読んでおられるか、それは知りません。しかし、折があったら、ここの図書室にもあるでしょうから、ぜひ開いてみてくださるといいと思います。私どもがふつう考えるような意味での連続の説き明かしを、そこでしておられるのではありません。そうではなくて、最後に参考文献も出てまいりますが、大変丁寧に、エペソの教会――当時はエフェソではなく、エペソと発音しました――について研究をし、その成果を語り、あるいはご自分の伝道者のお手本と思っておられたのでしょう。パウロはいったいどんな説教をしたかなどというような報告まで書いておられます。私がよく覚えており、懐かしく思いますのは、当時、松尾先生のお宅をよく訪ねました。玄関先で報告だけして引き上げることもあるし、勧められるままに上がっていって、先生と一緒にこたつに入って、ずいぶん長く話し込んだり、ということもありました。そのときによくエペソ教会の話をなさるのです。

はっきり覚えておりますのは、あるとき、玄関先でのことです。玄関先で帰ろうと思っているのに、私の予想を反していきなりエペソ教会の話を始められた。しかも、「加藤先生、エペソではねえ」というような調子で話をなさるのです。何か鎌倉の隣りにエペソという町があって、そこに教会があって、先生がそっちによく行かれるみたいに。というよりも、むしろ、この『エペソ教会に学ぶ』という書物のあとがきを、鷲山第三郎という先生の同僚の牧師が書いておられますが、鷲山先生は、松尾先生にとってのエペソ教会は、鎌倉雪ノ下教会そのものであったと書いた。おそらくこれが正しい。皆さまのことを考えると、その皆さんのことがすでに聖書のなかに登場してきている。ここに鎌倉雪ノ下教会のことが書いてある。そう思いながら、この新約聖書の言葉をお読みになっていたのではないかと思います。なるほど、そういう読み方がある。

エフェソの信徒への手紙というのは、今お聞きになった言葉だけでも、どうもすぐに聞いただけではぴんと来ない難しいことが書いてあるように思われます。本当はそうではありませんけれども、何度でもお読みになることをお勧めいたします。しかし、松尾先生はそんなことお構いなし。ここに私の教会のことが書いてある。そして、この手紙を書いた伝道者パウロもまた、もしかすると、まさにそこでも、伝道者、牧師松尾造酒蔵の姿と重なるように、エフェソの教会を愛していた。

この手紙は最初から、教会とは何かということについて語り始めます。「あなたがた」とはいったい誰かという話を始める。そして、この教会を建ててくださった神の偉大なるご計画を語り、一四節では「神の栄光をたたえることになる」という賛美の言葉をもって結ぶ。しかし、そこですぐにパウロは祈り始める。原文はギリシア語で記されているものでありますが、ギリシア語の原文を読むと、興味がありますことに、一五節から二三節まではひとつの文章です。ピリオドがないのです。ずっと続いているのです。それをそのまま日本語に訳すことはできませんから、日本語の聖書は、これは他の国の言葉でもよくそうしておりますけれども、長いセンテンスを区切らずにおれない。途中でピリオドを打った文章にしなければならないのですけれども、パウロの祈りはずっと続いている。

想像してくださるといいと思いますが、こういう手紙は筆記者に書かせたのです。途中で自分が筆を取ったところがありますけれども、本来、専門の書記がおりまして、その手紙書きの専門のひとに口述筆記をしてもらう。昔のことですから、後のタイプライターやあるいは今のコンピュータのように、言った途端にもう文章が打ち上がっているというものではない。じっくりじっくり刻むように書いていく。その筆記者の手許を見ながらパウロが次の言葉を紡ぎ出していく。そうしながら、祈りの言葉が次々と生まれていくのです。

皆さんのなかでも、たとえば英語を語ることができる方は思い出されるかもしれません。われわれが中学校に入って英語の文法を習うと、日本語の文法にはない関係詞というのを学びます。関係代名詞や関係副詞といったもので、主文章につなげて、副文章というのを書き連ねていくことができるということを覚える。われわれは主文章を説明する文章があとから続くなどと教わるものですから、だから、私もよく覚えておりますが、中学校でその訳読をするときに後ろの副文章から訳す。「～するところの」などと言って前に戻ってくる。私の尊敬する牧師で女子大の教師でもあった方は、懇切丁寧な方でありまして、長いセンテンスで説明していくものですから、女子大の学生がつけたのか、教会員の方がつけたのか、「コンマ・フイッチ（comma which）」というあだ名の方がおりました。いつまでも話が続いていく。日本語だと分かりにくいのですけれども、実際に私もドイツ人とドイツ語で話をしていて気づきました。学生に何か話をしていて、説明が足りないなと思ったら、関係代名詞でも副詞でもそこへくっつけて説明を付け加えていくことができるのです。あまり長くすると、やっぱり分からなくなることがあります。私の同僚のドイツ人の年輩の教授で、とても丁寧な方がありました。ある国際的な学問の討論会で、この先生が話をした。同時通訳がついて、英語にでもフランス語にでも訳してくれます。私はときどき、この先生が話し始めると、イヤホンで英語のひとがどう訳しているかなと思って興味半分に聞いていると、まあだいたい五〇％で翻訳をしているお嬢さんが“I will give up”と叫んで、それっきり。もう何を言っているのか分からない。

パウロは、しかしここでは、実に整然と、こころのなかに溢れる祈りの言葉を書き続けていきます。まるで宝石が作る首飾りのように、ネックレスのように、ずっと続いてまいります。最初に申します。「こういうわけで、わたしも、あなたがたが主イエスを信じ、すべての聖なる者たちを愛していることを聞き、祈りの度に、あなたがたのことを思い起こし、絶えず感謝していま す」。

祈りの度にいつも祈っていたと思います。エフェソの町を離れて、各地で伝道をしている間に、しかし、何度でもエフェソの教会のことを思い起こします。松尾先生も四七年間、ここの牧師をし、お辞めになっても、何度もこの教会のことを思い出されたでしょう。だから、あとを受け継いでくれる後輩の牧師が来ると、エフェソの教会の話をしたくなってしまう。祈りの度に思い起こす。思い起こす、そこで思い浮かべる教会の姿は、「あなたがたが主イエスを信じ、すべての聖なる者たちを愛していること」と始まります。

私のドイツの友人に、ゲッティンゲン大学の教授をしていたヨズッティスというひとがいます。私よりも若いのですが、最近引退しました。少し覚えにくい言葉ですが、このひとがこの箇所について、とても素晴らしい文章を書いていてくれています。そこでこう言うのです。「主イエスを信じ」とある。これはギリシア語では「主イエスを信じ」と訳すことが多い。それが文法的にも正しい読み方ですけれども、ヨズッティスさんは「主イエスのなかで」と訳したいというのです。そう訳せるのです。しかもおもしろいことに、ヨズッティスさんはさらに、「主イエスという場所において」という訳し方をします。主イエスという人格を、生きておられる方を「場所」と呼ぶのは少しおかしい感じがしますが、よくお考えになると分かると思います。場所と言っても、あなたがたがいる場所です。私どもも教会に生きている者たちがいる場所です。どこか。この建物のなかか。いろいろな言い方ができるかもしれませんけれども、主と仰いでいる主イエスのなかで、あなたがたは信じている。「聖なる者たちを愛している」。聖なる者というのは、先ほどの使徒信条で告白いたしました。われわれは聖霊によって生かされていると言いながら、その聖霊のみわざの第一として、「聖なる公同の教会」を信じる。それを聖なる「聖徒の交わり」とすぐに言い換える。教会はこの交わりです。皆さんは、聖人、聖なる者です。神のものになったのですから、聖なる者です。その聖なる者たちを愛して生きている。それが聖なるイエスという方のなかで起こっている。

なぜこんなことを私が語り始めたかといいますと、このヨズッティスを知ったのは、大学の先生としてではありません。ヨズッティスがライン川流域の小さな農村、人口五〇〇か六〇〇と思いますが、その小さな農村の牧師をしていた頃であります。ボーレン教授を通して知りまして、招かれて、その小さな農村の牧師館に一週間であったか、一〇日であったか泊めていただいて、ヨズッティス牧師のやることを、朝から晩まで同道できる限り一緒について回ったのです。毎日訪問に行く。小さな村ですから車にも乗らない。歩いて行くのです。畑で出会ったひとに声をかけることもあります。戸口で何かを話してくることもあります。ある農家を訪ねたときに、その家のご主人が広い庭で働いていた。そこへ入って行って、挨拶を交わして何かしゃべった。標準ドイツ語ではないのです。農村のドイツ語の方言ですから、私には東北弁以上に分からない。何を言っているのか分からない。ときどき聞き取れる。訪問が終わって出てきたところで、私はヨズッティス牧師に尋ねた。「この家のどなたかが病気のようですね。どんな具合なんですか」と聞いた。ヨズッティス牧師はきょとんとした顔をして、「病人？　ああ、違う、違う。あの家の牛の話」。牛が病気になっちゃったということを聞いていたので、様子はどうか聞きに来たのだ。私はしかし、その教会員の――村のひとはみんな教会員ですけれども――家畜のことまで知って訪ね歩く牧師の姿に感動していました。いいな、と思いました。

そして日曜日が来て、私が説教をした。説教をしたときに、赤ちゃんがふたり洗礼を受けました。礼拝が終わってガウンを脱いでおりましたら、ヨズッティス牧師に聞かれました。「あなたはアルコールに強いか」って。何のことかと思いました。これから洗礼を受けた赤ちゃんの家を二軒訪ねなければいけない。「厳しいよ」と言うのです。なるほど、行きましたら、「今日はめでたいことでありがとう」と言って、そこにいたひとたちはみんな、次々と牧師のところに杯を持ってくるのです。日本と同じだと思いました。「日本の牧師さんもどうぞ」と言うのですけれども、そこでアルコールで倒れてしまったら、ということも思いまして、ほんの一杯か二杯で真っ赤な顔をして失礼していましたけれども、しかし、牧師を取り囲んで本当に楽しそうに日曜日の午後を過ごした。教会のなかに生きている。主イエスのなかに生きている。それはヨズッティス牧師にとっては、ただギリシア語の解釈のひとつにこういう解き方もあるよ、ということではないのです。自分で知っているのです。教会に生きるということは、主であるイエスのなかで信じる、ということなのです。愛し合う、ということなのです。パウロはそれを知っている。そして、エフェソの町でも、あなたがたは異教と戦いながら、生きているのだということを思い起こして、そして、この教会のための祈りが始まる。

「どうか、わたしたちの主イエス・キリストの神、栄光の源である御父が、あなたがたに知恵と啓示との霊を与え、神を深く知ることができるようにし、心の目を開いてくださるように」。

この説教のために、毎日、み言葉を思いめぐらしておりました。それに重なるようにして、私のこころにあったのは、個人的なことで申し訳ないのですが、私の姉のことであります。私の姉は私と一緒に信仰に生きていたひとでありますが、最近、完全に失明しました。全く目が見えなくなりました。妻のさゆりがそのことに痛みを覚えていたのでしょう、ほとんど食事の度に、「お姉さん今頃何をしているでしょう」と言っておりました。二日ほど前、姉から電話が来ました。私は忙しくしていて、心配をしながら電話もしていなかったのですが、向こうから電話をかけてきまして、「心配しないで」と言う。だんだん、この思いがけないことに慣れてきている。特に教会の方たちがみんなでお世話をしてくださる。タクシーを呼ぶ心遣いをしてくれる。タクシーで教会堂の前で降りると、「四人よ、四人の方が駆け寄って来て、私を教会堂のなかに連れて行ってくださるの。まるで待っていてくださるみたい」。私は、今、こうしておりましても、その姉をよく世話してくださる牧師の説教を聴きながら、同じ甦りの主を、姉がこころの目においてははっきり仰いでいることを確信する。肉体の目は見えなくなった。もしかすると、それだけこころの目は深く鮮やかに主イエスのお姿を見ていると思います。

この「目を開く」という「開く」と訳された言葉は、ギリシア語で見ますと、明るさというか輝きという意味がこもった言葉であります。こころの目を開くのは神の輝きなのです。光が開くのです。私はしばらく前、白内障の手術をしました。大変丁寧に、二度とも二日間の入院をさせられまして、白内障の手術をした。最初の片目が開かれたとき、びっくりしました。それまで空を仰いでいると、いつも空が黄色く見えるのです。口に出して言ったことがある。「今、中国の黄砂が国分寺まで来る」。大変中国の方には申し訳ないことをした。黄色い膜がかかったのは私の目なのです。その目の曇りが取れたときに、ただ物がはっきり見えるというだけではないのです。こんなに色が輝いているのか。私の友人の医師がやはり白内障の手術を受けて、そして、治ったところで私に言いました。「僕が着ている白衣がこんなに輝いているものだと思わなかった」と言うのです。輝くのです。こころの目が開かれると「神の招きによってどのような希望が与えられているか、聖なる者たちの受け継ぐものがどれほど豊かな栄光に輝いているか悟らせてくださるように」。

パウロは、こころの目が開かれていないと見えないものがある。それは望みだ、と言うのです。望みが見えないというのが私どものこころの目の最大の問題でしょう。肉体の目が見えなくなるということは、やはり望みが消される絶望の思いが重なるからだと思います。望みの目。しかも神の招きによってどのような希望が見えるか。原文を読むともっと強い言葉と言ってもよいと思います。神に呼ばれるということです。神に召されるということです。この「神の召し」と「望み」という言葉はくっついちゃっている。神に呼ばれたら望みが生まれている。神に招かれる、呼ばれる、召される。私どもはよく神の「召命」という言葉を使いますが、そうするとこれは伝道者になることと理解します。召命を受けることは牧師になることだと。けれども、パウロはそんなことを考えていない。洗礼を受けてキリスト者になるということは、みんな神さまに呼ばれるということだ。神さまに呼ばれて、望みが生まれることだ、と。

この目が開かれる、閉ざされるという言葉を読みながら、私がいつも思い起こしますのは、今は

『讃美歌第二編』一七六番として歌えるようになりました、しかし賛美歌以外の世界でもよく知られている「アメイジング・グレイス」という歌であります。ポピュラーソングのなかでも名曲中の名曲のようにいろいろな歌い手が歌います。一八世紀の前半に生まれ、一九世紀の初めまで生きたひとでありますが、英国の牧師、ジョン・ニュートンが作詞したものであります。ニュートンは奴隷船の船乗りでありました。とんでもない仕事に就いている。そのことを本当に悲しんだのは母親でありまして、母親はニュートンがひとを売り買いするという恐るべき仕事から解き放たれることを祈り願って、絶えず聖書のみならず、信仰の書物を送って、船旅の間に読むように勧めたようでありますが、だいぶかたくなだったようです。あるとき、嵐に遭って、そのことがきっかけとなってこころの目が開かれて、やがて、まさにお召しを受けて、牧師になった。しかも牧師としても記録に残る働きをしたひとであります。

このアメイジング・グレイスの歌詞は、残念ながら、『讃美歌第二編』に、あるいは『讃美歌21』に訳されている場合にも、十分に日本語に移されていない言葉の意味を持っております。原詩を英語から私が訳してみました。

驚くべき恵みよ（なんと甘い響き）
この恵みは私のように挫折し、滅びかねない者も救ってくださる。
私はかつて失われていた者、しかし、今は見つけていただいている。
かつては目が見えていなかった者、しかし、今は見える。

私のこころに恐れを教えてくださったのも恵み。
その恐れから解き放ってくださったのも恵み。

原文では"I was blind"であります。しかし、今は見えています。見えるようになったときに、何が起こったか。恵みを見た。恵みは私に何を教えたか。恐れるべきものを恐れることを教えた。おそらく、恐れを知らぬ、ひとを売り買いする商人だったのでしょう。嵐のなかで自分の死を恐れることを覚えた。神の前に立つ日のことを恐れた。奴隷を売り買いする、人間を売り買いするという恐るべき罪に気づいた。しかし、ニュートンがすぐに言う。その恐れから解き放ってくださったのも恵み。恐れのなかに放して地獄の苦しみを味わえというのが、神の救いになるわけではなかった。神は裁きをなさると同時に、そこですぐに救いの手を差し伸べて、地獄の苦しみ、死の苦しみから引っ張り上げてくださった。

望みというのは、こういう死に打ち勝つ望みであります。死を越える望みであります。だから、ここでパウロはすぐに続いて、こう祈り続けざるを得ない。「また、わたしたち信仰者に対して絶大な働きをなさる神の力が、どれほど大きなものであるか、悟らせてくださるように。神は、この力をキリストに働かせて、キリストを死者の中から復活させ、天において御自分の右の座に着かせ……」。

先ほど使徒信条で、主イエス・キリストは死人のなかからお甦りになって、父なる神の右に座しておられる、と言いました。その聖書の典拠がここにあります。パウロはいつも伝道者として説教をしながら、この主イエスのお甦りを思い起こし、お甦りになった主イエスは父なる神のみ座の右におられるお姿を見ていたに違いない。

パウロがその迫害の手助けをいたしました、伝道者ステファノのことが、使徒言行録の第七章に記されております。このとき、石で打たれながらステファノは、この神の右におられる主イエスが立ち上がって自分を迎えてくださる姿を幻のなかで見ている。このときも、いのちのまなざしが開かれたと言ってよいと私は思います。パウロ以来、私どもは、この信仰を言い表してきた。神がイエスをお甦らせになられた。神がご自分の右に座らせなされ、いのちの支配をさせておられる。そして、それだけではありません。続いて、こう言われるのであります。「神はまた、すべてのものをキリストの足もとに従わせ、キリストをすべてのものの上にある頭として教会にお与えになりました。教会はキリストの体であり、すべてにおいてすべてを満たしている方の満ちておられる場です」。

これまでに何度も皆さまに会っていただいた方のなかに、ルードルフ・ボーレン教授がおります。健在でおられます。昨年の暮れに愛犬を喪いまして、どうもその悲しみに打ちひしがれていたようでありますけれども、今は少し立ち直っておられるかとも思います。本当に小さな犬を愛しておられた方であります。私より九つ上です。九年前の二〇〇〇年の、やはり春に、先生の誕生日に私も招かれて行きまして、仲間たち八〇人であったか、七〇人であったかと、すてきなお城のなかで、合宿をいたしました。二日目は先生の誕生日当日。お祝いの記念の講演を私がいたしました。珍しく二時間たっぷり話をいたしました。皆喜んで聞いてくれました。

そのときに私に与えられた題、ボーレン先生、そして主催者のここにやはり来てくださったことがあるメラー教授がくださった題は、「慰めとしての教会」でした。教会堂ではなくて、教会の群れです。それが慰めだというのです。ハイデルベルク信仰問答という書物が語っている、生きているときにも死ぬときにも慰めになる慰めです。それは、私どもの主イエス・キリストだと信仰問答は言いましたけれども、その講演の題では、主イエス・キリストのものになっている者たちが造っている群れである教会こそが、われわれの慰めだと言うのです。

そのときに、二時間話したひとつの理由があります。ボーレン先生の先生でもあり、私の先生でもありました方に、エードゥアルト・トゥルンアイゼンというバーゼルの牧師がおられます。このトゥルンアイゼン先生との出会いについては、一時間でも二時間でも語れるほどの大きな恵みの出来事でありました。最近のことだけ申します。実は鎌倉まで来なくても、国分寺から横浜には通い続けておりました。カルチャーセンター横浜で講義を続けました。実はこの教会を去るときに、カルチャーセンターの方に、「もうここには来ない」と申しました。そうしたら、カルチャーセンターの責任者の方が来られて、問われた。「先生、いったいどこに移られるんですか」。「国分寺」。「国分寺なら遠くないじゃないですか」。それでひと月に一回にさせていただいた。今までの一か月に二回を、一か月に一回にした。それでもやはりつらくなって三か月に一回。それもやはり八〇歳になって厳しくなったので、この六月で辞めることにしました。最後ですから、聖書の言葉をいくつか学んでおりました。最後の最後ですから、私は覚悟して「生きることと死ぬこと」という主題を取り上げて準備をした。三月の予定の日が来ますが、なかなか原稿ができない。それは勉強しなかったというのではなく、妙なことですけれども、勉強しすぎてしまった。しかも死について勉強しすぎてしまった。死についての書物をたくさん読んで、頭のなかがわんわんしてきた。どうしようかと思った。あることにはたと気づいた。ボーレン先生が、あるときに、説教に行き悩む若い説教者たちにこういうことを言われた。皆さんは、なかなか説教が上達しないと悩む。この箇所について説教をしようと思う。いろいろな先輩たちが良い説教をきちんと書いて残していてくれる。なかなか良い説教ができないで悩んで土曜日を迎えてしまう。そういうところでは、無理して説教を作るな。やっとの思いで説教を作るよりも、これは良い説教だと思う説教を、みんなの前で読んだらよろしい。よほどそのほうが教会員は慰められる。やっとの思いで無理した説教をして聴かせるよりも、あなたが喜んで聴くことのできている説教を読んだらいい。大事なのは、そういうふうにキリストの恵みが伝わるということだ。

それに思い至った。私の先生のトゥルンアイゼン先生が、私が『牧会学Ⅱ』と訳している書物があるのですけれども、そのなかで死に直面しているひとたちにどういう慰めを語ったらよいかということを丁寧に語られている文章があります。それのコピーを作っていって解説をした。ただ解説を念入りにやったものですから、予定の半分も読めなかった。そこで、講義をお聞きになりました親しい詩人の女性がおられますが、その方がその講義のあとに手紙を寄こされた。そのひとに断っていないのですけれどもここに持ってきちゃった。こう書いてあるのです。「家に帰ると、夫がコピーを読み始めて、やらなかったところまで読みました」。つまり、このご主人は詩人の方よりももっと年を取っておられる。たぶん、私よりも少し年上であったと思います。ある大学の学長までなさった方ですけれども、非常に関心を持ったのです。とうとう終わりまで読んじゃった。「あれ以来、私は何か死に終わっているような気持ちでいます。そんなはずはない。変なのですが、昨日も明日も遠くに行ってしまって、世のなかから離れたような気がします」。詩人というのはおもしろい言葉を使うと思います。自分が死に終わっている。でも、良い言葉ですね。この方は変だと言うのですけれども、変ではないのです。私の、というよりも、トゥルンアイゼン先生のメッセージをよく聴き取られた。

トゥルンアイゼン先生は言っておられるのです。死に直面しているひとを、私どもは何とかして慰めようとする。そうすると、死というのは何かと、私のように愚かにも勉強して、死を直視することで、読み解けることがあるかと思うけれども、そんなことはできないと言うのです。そうではなくて、主イエス・キリストがお甦りになったということがすべての鍵を握っているので、主イエス・キリストが死に勝っておられるというところから始めないと、死の本当の姿は見えない。これは、まことに名言です。ですから結局、私は、トゥルンアイゼン先生に導かれて、死を語っているつもりで、今日に先立って、カルチャーセンターで復活の話ばかりしている。そして、われわれは復活のいのちに生きているということを、トゥルンアイゼン先生がこういうふうに言われた。お甦りになった主イエス・キリストは彼岸に行かれた。死の向こう岸に行かれた。そして、その彼岸からこちらに戻って来られた。そして私どもと一緒に生きていてくださる。私どもはそのいのちのなかに、そのいのちによって生かされているのだから、私たちもすでに彼岸のいのちに生かされていることになる。そう言っているのです。彼岸のいのちを生きているときに、この詩人が言っているように、死に終わっちゃっている。皆さんもそうです。もう死ぬ作業は終わった。

トゥルンアイゼン先生は言われます。あとは肉体の死を迎える。やっぱり厳しい死は残っているとおっしゃっている。そこでは肉体の別れの厳しさもある。それは否定できないことだけれども、神との関わりにおいては、われわれはもう滅びない人間になっている。キリストの甦りのいのちを生きているということを忘れないようにしよう、と言っておられるのです。ついでに申しますと、トゥルンアイゼン先生は言います。ヨーロッパでも、死んだら親しいひとに会える望みを持っているひとがたくさんいる。今、神学的に筋を通すと、そんなことはできない、死後の再会は保証できないと言うべきだと思っているひとたちが増えている。私もそういうところがありまして、かつては「先に死んだ主人に会えますよね」と言われた牧師夫人に、「さあね」と言って悲しませたことがあります。トゥルンアイゼン先生は言う。私たちのいのちが霊魂不滅であって、死んだあとで、また愛する夫に会えるという保証はない。われわれの霊魂は不滅でも何でもない。魂ごと滅びる。けれども肉体もまた甦りのいのちにあずかる。しかもそこで大事なことがある。それがここでパウロが言っていることで、お甦りになったイエスは、教会のかしらとして生きていてくださる。教会はそのからだです。ですから、キリストの復活のからだは教会だ、と言ったひとがいます。主はお甦りになった。弟子たちにも見えるお姿になった。今、どうしておられるのだろう。ここにおられる。皆さんと共におられる。この教会はキリストのからだ、お甦りになったキリストのからだです。だからトゥルンアイゼン先生は、このキリストのからだは、彼岸に続くのだから、教会の交わりというのは死を超えて続くのだから、先に逝った教会の仲間たちにまた会えると言って差し支えないではないか、と言う。それがわれわれの望みだと言ってあげていいではないか。そう言うのです。

この教会を辞めてから、一二年が経ちました。この教会の歴史のなかにいろいろなことが起きました。第一回の礼拝からそうですけれども、ふっと召された方がそこにおられるような気がするのです。いつも座っておられた、お名前を出してはいけないかもしれませんけれども、三田長老という小柄な女性がおられました。何となく、その辺に三田さんが座っているような気がする。あそこに小泉さんの奥様が座っておられるような気がする。同時に、私もさゆりも、お顔を存じ上げない方がずいぶんたくさん増えました。ありがたいことですね。よく東野先生たちが伝道をなさいました。教会は衰えなかった、数の上では。たくさんの知らない方がおられるというのは、私にとって大きな喜びです。もう姿を見ることができなくなった方も、しかし、われわれの交わりのなかにはいるのです。そして、そこに新しい仲間たちが加わるのです。みんな主イエス・キリストのからだを造るのです。ヨズッティスさんが「主イエス・キリストのなかにあって」と言ったときに、そこまで見ているのです。お甦りの主のいのちのなかにあって、あなたがたは信じているね。あなたがたは愛し合っているね。

私は久し振りに説教集を出しました。伝道説教集です。『救いはここに』というタイトルです。ずいぶんたくさんここに送りました。昨日夜、一〇〇冊ここに送ったので、全部にサインをしました。落合先生が覗きに来て、「名前だけじゃないのですね」と言って行かれました。記念の言葉を書きました。いろいろな言葉を書きましたけれども、たとえば「甦りのいのちのなかに立ち尽くして」と書きました。本当に立ち尽くしている。立ち尽くして死んで生きる。何と大きな恵みかと思いました。

この教会堂が献げられたのも、二十何年か前です。昨日、落合先生とこんな会話を交わしました。荒木先生に助けられながら、牧会の責任を負わなければならない。あなたがひとりでここにおられる間、お葬式が少ないことを願うしかない。長老たちもみんなそれを心配している。落合先生が、「こういうときには、みんな死なないことになっている」と言われました。そこで、思い出話が始まった。この教会堂を建てている間、ゼロではありませんでしたけれども、お葬式の数は少なかった。カトリック教会をお借りして何度かお葬式をしましたけれども、そんなに多くはなかったのです。しかし、教会堂が建ってから、それは葬式の連続でした。一週間に三回続けたことがあります。ある長老が私の耳元で、ふつうなら「神主を呼んでお祓いをやってもらうところです」と言われた。新しい建物ができたのに葬式が続くというのは不幸だと考える世のなかかもしれません。もちろん、その長老も、私たちは違うという思いを語っている。

川上喜久子という作家の方が会員でおられました。すでに癌を病んでおられました。献堂を祝す集会にも来られなかった。ひとりで訪ねてこられました。夕暮れに来られて、ひとりでここに杖をひいて入って来られ、「間に合ったわ」と言われました。これで安心して、落ち着いて、自分の葬りをしていただける場所が備えられたという意味です。本当に間もなく亡くなられました。しかし、みんな、そのときに、自分の死を、ただ死として迎えているだけでなくて、この詩人が言うように、死に終わった人間の肉体の地上のいのちが終わって、甦りのいのちの光のなかに自分を置く、葬りの祈りをしていただいて、しばらくの間、地下に眠るだけのことです。トゥルンアイゼン先生は甦りの信仰がなかったら、墓地に葬るということも意味がないだろうとまで言われました。甦る。その甦りのいのちに包まれている。これが教会を造る私どもに与えられている祝福です。ただ今から聖餐にあずかります。これもいのちの食卓です。かけがえのないいのちをいただく時であります。皆さますべての肉体と魂が祝福されますように。祈りをいたします。

全世界で主の甦りが祝われております。憎しみと憎しみとがぶつかり合って、いついのちを落とすか分からない危険にさらされているところでも、主の甦りが祝われております。あらゆる絶望に逆らって、甦りを祝う歌声があなたにまで届くように歌われています。ここでも同じです。もし、ここでまだ洗礼を受けていない者がいるならば、どうか一日でも早く、この恵みの食卓にあずかり、いのちの目が開かれて、自分の死を迎える幸いを知ることができるように導いてください。このところに来ることができなくなっている者にも、望みを失うことのない、望みのまなざしをいつも、あなたの光によって開き続けてくださいますように。これからの一年、この教会の旅路のすべてをいのちの光のなかの旅路として祝福してください。甦りの主、イエス・キリストのみ名によって感謝し祈り願います。アーメン

(2009.4.12)

第二章一—一〇節

あなたを生かす神の愛を

ホセア書第六章一—三節

さて、あなたがたは、以前は自分の過ちと罪のために死んでいたのです。この世を支配する者、かの空中に勢力を持つ者、すなわち、不従順な者たちの内に今も働く霊に従い、過ちと罪を犯して歩んでいました。わたしたちも皆、こういう者たちの中にいて、以前は肉の欲望の赴くままに生活し、肉や心の欲するままに行動していたのであり、ほかの人々と同じように、生まれながら神の怒りを受けるべき者でした。しかし、憐れみ豊かな神は、わたしたちをこの上なく愛してくださり、その愛によって、罪のために死んでいたわたしたちをキリストと共に生かし、——あなたがたの救われたのは恵みによるのです——キリスト・イエスによって共に復活させ、共に天の王座に着かせてくださいました。こうして、神は、キリスト・イエスにおいてわたしたちにお示しになった慈しみにより、その限りなく豊かな恵みを、来るべき世に現そうとされたのです。事実、あなたがたは、恵みにより、信仰によって救われました。このことは、自らの力によるのではなく、神の賜物です。行いによるのではありません。それは、だれも誇ることがないためなのです。なぜなら、わたしたちは神に造られたものであり、しかも、神が前もって準備してくださった善い業のために、キリスト・イエスにおいて造られたからです。わたしたちは、その善い業を行って歩むのです。

お招きを受けて、私がここで説教をいたしますときには、エフェソの信徒への手紙を皆さまと共にこの日に与えられたみ言葉として聴くことにしております。このエフェソの信徒への手紙第三章一六節から二一節にまことに見事な祈りの言葉が記されています。それを今朝、説教者として皆さまに贈る祝福の言葉として朗読いたします。

どうか、御父が、その豊かな栄光に従い、その霊により、力をもってあなたがたの内なる人を強めて、信仰によってあなたがたの心の内にキリストを住まわせ、あなたがたを愛に根ざし、愛にしっかりと立つ者としてくださるように。また、あなたがたがすべての聖なる者たちと共に、キリストの愛の広さ、長さ、高さ、深さがどれほどであるかを理解し、人の知識をはるかに超えるこの愛を知るようになり、そしてついには、神の満ちあふれる豊かさのすべてにあずかり、それによって満たされるように。

わたしたちの内に働く御力によって、わたしたちが求めたり、思ったりすることすべてを、はるかに超えてかなえることのおできになる方に、教会により、また、キリスト・イエスによって、栄光が世々限りなくありますように、アーメン。

皆さまが聖書をお読みになるときに、ときどき思い起こしてくださるとよいと思うことがあります。

私どもは聖書の言葉を読みますときに、たとえば今朝は、エフェソの信徒への手紙第二章の一節から一〇節までという区切りを数字で申します。こういうことに慣れておりますと、最初から、聖書の言葉が記されたときから、たとえばパウロが今は第二章に入ったと、数字を書き留めながら文章を書いているかのように錯覚をします。しかし、もちろん、そんなことはありませんでした。今は、聖書の言葉を覚えたり、引用したりするときに、便利ですから、こういう章や節の番号を用います。しかし、こういう区切りが付けられるようになったのは、教会の歴史が始まってからもう何百年か経って後のことであります。昔の聖書の、いわゆる写本というのが残っております。それのコピーを見ますと、区切りなしに、べたっとギリシア語が記されています。それでは引用しにくい。そういうこともあって、こうした数字が振られる。しかしそこで、今度は、私たちがもしかすると間違えるのは、今、書物を書くときには、書くひとが今は第一部の第一章の第一節であると、最初から区切りをして書く。それとの類推で、第二章に入ったらこの手紙を書いたひとは新しい区分に入ったと考える。確かにそういう面があったかもしれません。あったから数字があとから付けられた、区分が付けられたのでしょうけれども、そう考えると、その前の部分と途切れてしまうと思ってしまいがちです。そうなると誤解が生じると思います。

私が久し振りにここで説教を始めたときには、第一章の一五節以下から皆さまと一緒に復活の主日の神の言葉を聴きました。この区分についてもう一度語りました。それから一週間前には、第一章の前半に戻りまして、それから今度は後半を飛ばして第二章に入る。どうしても皆さまに、そこでくどい話をしながら、思い起こしていただきたいと思っているのは、簡単なことで、これは第一章の続きだということです。第一章の終わりにはこういうふうに記されておりました。たとえば二二節からです。「神はまた、すべてのものをキリストの足もとに従わせ、キリストをすべてのものの上にある頭として教会にお与えになりました。教会はキリストの体であり、すべてにおいてすべてを満たしている方の満ちておられる場です」。

ここで長い文章が一区切りつきまして、そして、第二章一節、「さて、あなたがたは」となるのです。特に、ギリシア語の原文で読んでおりますと、この「さて、あなたがたは」という文体は、実は、第一章の一三節の「あなたがたもまた」と訳されているのと、同じ文章の作り方です。第一章の前半の場合には、「わたしたち」「わたしたち」と語ってきて、「あなたがた」となりました。第一章の後半、五節以下は、ずっと「わたしたち」と語ってきて、この「わたしたち信仰者」と、たとえば一九節に呼んでおります「わたしたち」が、教会に生きる者であることを実に鮮やかに、また大きなイメージで語りました。教会はキリストのからだであると。この私どものかしらであるキリストはすべてのものを満たしている。すべてのものを支配しておられる。そう語って、さてそこで、その教会に生きている「あなたがたも」「あなたがたは」と語ってくるのです。教会に生きているあなたがたです。

この手紙は、エフェソという町にある教会に宛てた手紙です。この手紙を書いているのはパウロ。実は、皆さまがたが聖書の参考書を調べてごらんになって、このエフェソの信徒への手紙について書いている解説をお読みになると、戸惑うかもしれないのは、今日では、この手紙は一節にパウロと執筆者の名前が書いてあるのに、もしかすると、私どもがすでに使徒言行録に登場するところからよく知り、またローマの信徒への手紙やその他の手紙でよく知っている、あのパウロが書いたとは言えないのではないかという意見が記されています。聖書学の研究では、ここで用いられている言葉や、ここで語られている事柄や、その語り方を、ローマの信徒への手紙やガラテヤの信徒への手紙などと比べて、もしかすると同じひとが書いたとは言えないのではないかというのです。しかしまた、今日でも、そんなことはない、パウロが書いたと言えるではないか、という意見も強いのです。

私がエフェソへの信徒への手紙を語ろうとするときに必ず参考にいたしますのは、私の恩師でありました吉祥寺教会の牧師の竹森満佐一先生の説教集です。竹森先生はその説教集のなかでこのことについて触れて、しかし、私はパウロが書いたことにして説きますと、はっきりおっしゃっています。ここにはっきりパウロの名前が出てくるのですから、私も、そのように理解してよいと思っております。しかし、ただそういう事情があるということだけはこころに留めておいてくださってよいでしょう。しかも、そのパウロの、これは獄中書簡のひとつだと言われております。これに続くコロサイの信徒への手紙、フィリピの信徒への手紙と合わせて、獄中書簡と呼ばれておりますように、どこかの牢獄に捕らえられているときに書かれたものだと理解されております。獄中でエフェソ伝道を思い出している。パウロだけではなくて、他の伝道者たちも行って伝道をした。そこに教会が生まれている。

ヨハネの黙示録というのが新約聖書の最後にあります。このヨハネの黙示録というのも一種の手紙です。七つの教会に宛てて書かれた手紙です。その最初の宛先がエフェソです。黙示録の第二章に、いきなり、エフェソの教会に呼びかける言葉があります。労苦、忍耐によく生きていると、ほめていてくださる主イエスのお言葉を伝えていますけれども、あなたがたは、初めの愛から落ちてしまったという主のお咎めの言葉も伝えています。戦いがあったに違いありません。戦わざるを得ない小さな教会であった。ローマの権力の圧力がいつもあった。今、私どもが座っているようなこんな立派な教会堂を建てる余裕などは全くなかった。もしかしたら、ようやく見つけた小さな空間にいっぱいに集まっていた。そういう教会の群れに、この手紙が語りかける。しかも、こういう手紙はそうした教会の礼拝において読まれたのではないかとよく想像されます。黙示録が語っているような、厳しい迫害も経験していたかもしれない。そういうところで、あなたがたはこういう教会に生きている。教会を造っている。教会は建物ではない。あなたがた一人ひとりがその教会を造っているのだと。そう語りかける。そこで、「あなたがたは」「わたしたちは」と言うのであります。ですから、簡単な代名詞のようですけれども、重い言葉です。

私は今、ここで説教をさせていただくときには、この教会堂のすぐ近くにありますホテルに土曜日から泊めていただきます。ホテルに着いて荷物を置くと、すぐにこの教会堂にまいりまして、今日の週報を分けていただきます。分けていただいて、早速読みました。最後のページ、四ページのところに、名札を付けようと促しています。これはたぶん落合先生がお書きになったのでしょう。「名札を付けてほしいと言葉がありました」とある。読んでとても懐かしく思いました。一週間前もここにまいりまして、そして実は、あまり名札を付けている方がいないなと、少し寂しく思いました。私が一二年前にここを去りますときに、長老の方たちとも相談しました。礼拝に来たらみんなで名札を付けるようにしましょう、と。当時、すでに長老たちやその他の当番の方も付けていましたけれども、そうではなくて、みんな付けるようにしよう。こんなことはあまりいろいろな教会でやることではありません。ですから納得していただくのに、一二年前すでに苦労いたしました。あなたのためでもあるけれども、あなただけのためではありません。お互いに名前を知っているということは、一緒に教会を造る仲間となるために不可欠なことです。

その後、一二年間、私は妻と一緒に同じ教会で礼拝生活をしています。私はあまり毎日曜日というわけにはいかないのですけれども、ほとんど毎日曜日行っている妻さゆりも、その教会の会衆の方たちの名前をまだ覚えられません。妻は健康を害していることもありまして、礼拝だけで帰ることが多いからかもしれませんけれども、礼拝の前後に挨拶をしてくださる方がどういう方か、どんな方から挨拶を受けたか、今話をした方の名前はどういう名前か。どうも聞き返すのは失礼だろうと思うと、よく分からない。今度、こういう方に、こういうことを言わなければならないのだけれども、その名前が分からない。さゆりが途方に暮れていたりいたします。実は、名札を付けてくださいとお願いしたのですけれども、断られました。ちょっとがっかりして、そのままになっています。私だけではありません。転入会して何年か経った方に、たまたま知り合いになりましたら、礼拝の帰り道、もう何年も来ているのにお名前を存じ上げている方はほんの二、三人で、寂しい、と言っておられました。名前を知るということは、教会を共に造っていくための基礎になります。そしてまた、この教会堂の集会を訪ねてくださる方にとても大切なことです。今日初めて教会の集会に行った。これこれの方から声をかけられた。こういう名前のひとでした。名札にそう書いてあった。そう言えるのと、何かよく分からないけれども親切な女性に声をかけられたというのとでは、これはずいぶん話が違います。

ドイツにまいりますと名前を呼ぶことの大切さを覚えます。朝、会う。「グーテン・モルゲン」。「おはよう」と挨拶するときに、ドイツの方はすぐに名前を覚えてくださって、「グーテン・モルゲン・ヘル・カトウ」「加藤さん、おはよう」と言います。ドイツ人の名前は覚えにくいものですから、私はときどき「グーテン・モルゲン・ヘル……」と言うと、向こうが自分の名前をにこっと笑いながら付け足してくれます。

鎌倉にまいりましたときに感心したのは、前任者の松尾造酒蔵先生が、この方はやはり外国生活が長かったのでしょう、「おはようございます、加藤先生」「おはようございます、○○さん」と教会の方に、きちんと名前を呼んで挨拶をされたことでした。私は牧師というものはこういうものだとも思いましたけれども、教会に生きる者はこういうものでありたいとこころから願う。ぜひ名札を付けることについて再考していただきたいと思うのです。この前の日曜日も、落合先生と一緒に食事をしながら話しました。目の前にいる方に声を掛けようと思っているのだけれども、みんな名札を付けていない。名札が付いていれば、「○○さん、初めてですね」とご挨拶できます。「お名前は何ですか」と聞くことから始めるということは不幸だと私は思うのです。

エフェソの教会のひとたちはお互い無名であるということは考えられない。エフェソの教会で伝道をしたパウロは、獄中にあっても、エフェソの教会の○○さんのために祈ったでしょう。たとえば、ローマの信徒への手紙の最後を読みますと、ずらっとローマの教会のひとたちの名前が登場いたします。名前を呼んで祈ったに違いないのです。名前を呼んでいるひとたちに、「あなたがた」と声を掛けているに違いないのです。

ここに「あなたがた」と呼ばれているひとたちはどういうひとたちか。第一章の一三節に「あなたがた」という代名詞が登場したときにもすでに申しましたが、エフェソの信徒への手紙のなかに出てくる「わたしたち」「あなたがた」というのは、ひとつの理解は、「わたしたち」というのはユダヤ人であってキリスト者になっているひとたち、つまりパウロその他の人びとです。伝道者の多くは、まずユダヤ人だったでしょう。それに対してキリスト教会で、かつては敵対していた他の民族に属していたひとたちが、イエス・キリストにおける兄弟姉妹になっている。ギリシア人であったりローマの人であったりする、「異邦人」とまとめて呼ばれるひとたちのことであります。明らかにこのあとすぐに、そのように分けられる意味で「あなたがた」と「わたしたち」とがキリストという平和の絆で結ばれているということを語るところが出てまいります。ここでもそうだと理解するひともおります。しかし、この箇所についての注解者たちの文章を読みますと、何人ものひとが、ここではむしろそうではなくて、エフェソの教会でパウロたちのみ言葉に触れて、み言葉を聴き取って洗礼を受けたひとたちのことを「あなたがた」と呼んでいるのではないか、とします。なぜ、そういうことが言えるのかというと、五節に「あなたがたの救われたのは恵みによる」とあります。八節に「あなたがたは、恵みにより、信仰によって救われました」とあります。あなたがたが救われた。救いによってあなたがたが教会員になった。救いの出来事が起こっている。その救いの出来事によって、あなたがたが教会の仲間、キリストのからだになっている。教会というのは、そういう救いが起こるところです。

救いが起こると、どういうことが起こるかというと、当たり前のことですけれども、救われなかった時と、救われたあとという、はっきりと人生における区別ができる。第二章の初めのところに「あなたがた」と書いて、「あなたがたは……死んでいた」と書いてあります。「死んでいた」という言葉は、ある翻訳はそうはっきり訳しておりますけれども、「あなたがたは死人だった」と訳すことができる言葉です。二節の最後は「歩んでいました」とあります。「歩く」という言葉です。ここはその「歩く」という言葉で日常の生活を表して、「歩んでいました」となっています。一〇節の終わりのところに「わたしたちは、その善い業を行って歩むのです」とあります。「あなたがた」ではなく「わたしたち」です。この「わたしたち」には「あなたがた」も入っていると考えていいでしょう。私たちみんなは、その善い業を行って、歩んでいるのです。

「歩む」。日本語でも、「歩む」という言葉で、私どもの毎日の生活のことを言い表すというのは自然かもしれません。しかし、「歩む」という日本語で訳されているもとのギリシア語は、「歩き回る」と訳されることもある言葉です。この言葉について書いてある辞書を読んでおりました。あるいは事典と言うべきでしょうか、読んでおりましたら、おもしろいことにこれは、本来ヘブライ語で書かれていた旧約聖書を、ギリシア語に訳したときに、倫理的に毎日の生活をきちっと造っていく、そのときに、いわば神の教えに従って生きることを「歩む」というギリシア語で言い表したのだ、とありました。それによって、こういうパウロのような使い方が生まれたのだろうと言って、古典的なギリシア語にはこういう言葉の使い方はなかったと書いてあります。おもしろい表現です。

ギリシアでは、毎日の生活をどうして「歩む」と言わなかったのだろうか。その事典に何も書いておりませんけれども、こういうふうに推測することはできます。ギリシアのひとたちは、神を思うことがあったでしょう。哲学を作った文化ですから。けれども、神を思うときには歩みを止めたのではないか。神を思い、宇宙を思い、人生を深く思うときに、歩みを止めている。歩き出して、食事をしたり、家族と共に生きたりする日常の生活のなかで、神を思いつつ歩みを整えるということはなかったのではないか。

しかしパウロは、むしろ私どもの毎日の歩みに目を留め、そして言うのです。洗礼を受ける前は、死んだ人間のような生き方をしていた。いや、死んだ者として歩いていた。なぜかというと、自分の過ちと罪のために死んでいた。「過ち」と「罪」とふたつの言葉が出てきます。これはギリシア語が別々だったからこういうふうに訳し分けているのですが、「過ち」と訳されている場合には、道を踏み外すことだと考えてよいようです。正しく道を歩めなくなる。道から落ちてしまう。「罪」と訳されている言葉は、的外れになる、ということです。歩いて道が外れる。向かっている的も外れている。全く歩むべきではない道を歩く。

どうしてそんなことになったのだろうか。二節を読みますと、この世を支配する者がいる。それは空中に勢力を持つ者であり、不従順な者たちのなかに今も働いている。神さまを信じないひとたちのなかに今も働いている霊があって、その霊によって過ちに誘う罪に導かれたのではないか。ここに注を付けているひとがおもしろいことを言いました。これは地獄の力だ。地獄の支配者だ。われわれはふつう地獄というと、われわれが生きている地上の下、地下、陰府の世界を支配していると思うかもしれないけれども、この地獄の支配者は空中にいると言うのです。上にいると言うのです。頭の上から支配している。なるほどと思います。われわれの生活は何でも自分の思うようにやっていると思うかもしれないけれども、どうしてあんな馬鹿なことをしたのだろう、自分の力ではない、何か他の力に振り回されている。そう思う。

そういうあなたがたの過ちと罪の生活を語りながら、三節では「わたしたち」と言う。伝道者たち自身がキリストの弟子になる前のことを思い起こして、「わたしたち」も皆こういう者たちのなかにいて、以前は、肉の欲望の赴くままに生活し、肉や欲の欲するままにしていた。空中に勢力を持つ者は、われわれのこころのなかに入り込んできて、そして、われわれにどんな生活をさせるかというと、自分の思いのまま生きているという思いにさせるというのです。ここでの「欲望」というのは自分の欲望です。自分の欲望のままに生きる。そんないいことないではないかと、どこかで声が聞こえてきそうです。しかし、そのことによって振り回されてしまっている、と言うのです。あまり理屈をこねて論じる必要もないだろうと思います。

私はこういうところを読むと、若い時のことを思い起こします。私はずいぶん若く、一三歳の時に洗礼を受けておりましたけれども、悪魔は洗礼を受けた私を、なお追いかけたのかもしれません。洗礼を受けてもなお、自分が、的外れではない、道から踏み外れた生活ではない歩みをしていると思えないことが幾度もあった。そして、苦しい。今、やっていることは間違っている、考えていることは間違っていると思うのだけれども、もがくばかりで、どうしていいか分からない。しかも、そのなかにあるのが、自分の欲望としか言いようがない。自分の欲望としか言いようがないものが、自分をさいなんでいる。どういう存在なのだろうか、人間というものは。途方に暮れる。苦しくなる。からだのなかで欲望が燃え上がるように燃えている。今でもよく覚えていることがある。教会の礼拝に出ていながらです。せっかく礼拝に出ていて、集会が終わったあとに、今日のような雨のような日で、ひどい土砂降りのときに、雨具も持っていなかったときに、電車にも乗らないで、当時、第一高等学校の寮に住んでおりましたけれども、教会堂から寮までの長い道のりをびしょ濡れになってぬかるみのなかを帰ったことがあります。濡れないわけにはいかないような、そんな、自分を持て余していた。その日のことを、まざまざと、今でも思い起こす。

よくその頃思いました。若者というのは、やりたい放題やって、気楽なものだ、と当時言われました。父にもそう言われたことがあります。しかし、私は早く大人になりたいと思った。一七歳からの四年間、早く大人になりたかった。大人はいいな、この苦しみからは自由なのではないかと錯覚したのです。苦しかった。そのときに私が愛読したのは、デンマークの信仰の思想家キルケゴールの『死に至る病』でした。岩波文庫にありました。斎藤信治先生の難しい翻訳でした。「自己とは自己自身に関わるところの関係である」とか書いてあった。しかし、よく分かる。自分というのは自分自身と向き合って、自分自身と関わり合っているところで問われている。しかもキルケゴールは言う。人間は自分との関係がうまくいかない状況にある。一方ではどんどんどんどん大きくなっていく自分を持て余す。やりたいことをやろうと強気になっていく自分を持て余す。そうかと思うと弱気になる。こんな自分じゃ嫌だと、自分を放り出したくなる。両方とも絶望していると言います。絶望は罪だと言います。絶望しているときに死に向かっていると言います。死にかかっていると言います。絶望は罪だ。強気の絶望、弱気の絶望の虜になっている。どうしようもない。パウロの言うとおり、俺は死んだ人間だ。そういうところで、呻くようにイエス・キリストを慕った。キルケゴールはその『死に至る病』を書く最初のところで、ラザロの復活の物語を書き記している。それはただ聖書の言葉を書き写しただけです。

パウロはここでこういうふうに言います。「わたしたちも皆、こういう者たちの中にいて、以前は肉の欲望の赴くままに生活し、肉や心の欲するままに行動していたのであり、ほかの人々と同じように、生まれながら神の怒りを受けるべき者でした」。肉の欲望で振り回されて、死んでしまっていた私たち、あなたがたは、生まれながら神の怒りを受けるべき者であった。これはかつての翻訳では「怒りの子」と訳されていました。「怒りの子」というと、自分自身が怒り狂っているようですけれども、その面もあるかもしれませんけれども、神の怒りに値するしかない、そういう人間として生まれてしまっているとまで言うのです。

しかし、四節に言います。「しかし、憐れみ豊かな神は、わたしたちをこの上なく愛してくださり、その愛によって、罪のために死んでいたわたしたちをキリストと共に生かし、――あなたがたの救われたのは恵みによるのです――キリスト・イエスによって共に復活させ、共に天の王座に着かせてくださいました」。

「共に」という言葉が繰り返されます。洗礼においてこれが起こったのだと言います。あるひとは、パウロがローマの信徒への手紙第六章に書いた、あの洗礼についての言葉を思い出せば足りると言っています。パウロは、洗礼を受けた者は、キリストと共に死に、キリストと共に甦る、と言いました。このエフェソの信徒への手紙は、それだけではなくて、「共に天の王座に着かせてくださいました」と言います。びっくりする言葉です。これも多くの説明が必要かもしれませんけれども、私はこう思う。空中の権を握っている者が、黒い雲が覆うように自分の生活を支配している。洗礼を受けると、その雲を突き抜けるのです。

私は富士山が大好きです。富士山が見えると、飽かずに眺める。飛行機に乗りますと、予約するときに、このルートを飛ぶときには、こちら側に座ると富士が見える、と見当をつけます。だから富士が見えないときには大変がっかりしますけれども、見えると本当に嬉しい。富士が雲から頭を突き出している。われわれは悪魔の上に出るのです。天に生きるとはそういうことです。主イエス・キリストは空中の権を握る者をも押さえつけておられる。そのキリストと同じところに生きるのだ。それこそ本当の自由でしょう。それが、救われるということです。

「共に」という言葉を三度繰り返しましたが、五節ではどうしてもそこに付け加えたかったのでしょう。「あなたがたの救われたのは恵みによるのです」とあります。これは挿入句です。パウロはどうしても言いたかった。そしてこの言葉を八節に繰り返す。「あなたがたは、恵みにより、信仰によって救われました」。恵みによるのだ。恵みによるとはどういうことか。このことは、自らの力によるのではなく、神の賜物です。行いによるのではありません。それは、だれも誇ることがないためなのです。神がこの賜物を与えてくださった。この自由を与えてくださった。落ちに落ちていく道から、立ち直る道を、正しい道を歩くところに救い上げてくださった。そのために私たちは何の良いこともせずにすんだ。

洗礼を受けたい。そう願い出る。私がこの教会で牧師をしていたときに、ときどきこういう問答があった。「洗礼を受けたい」。「それは結構、それでは洗礼の準備に入ろう」。「先生、そこで問題がある。長老会に出なきゃいけないんでしょう。口頭試問があるんでしょう」。そう言うのです。どうも学校での口頭試問の悪い思い出がつきまとうのでしょう。「先生、その長老会での受洗志願者試問というのを受けないですむ手はありませんか」。「ひとつある。病院に寝たままになっている方に洗礼を授けるときには、長老がみんな行くわけにはいかないから、せいぜい牧師と二、三人の長老が行って、とても簡単に『あなたはイエス・キリストを信じますか』と問うだけだ。だけどあなたみたいに元気だとそうはいかない。出てください。ただひとつ、試問と言うけれども、長老はほかのことは何にも聞かない。あなたは洗礼を受けるに値する良いことをしましたかなんていうことも尋ねない。良い本を読みましたかということも聞かない。主イエス・キリストを信じますか。使徒信条が言い表している神の恵みのみわざを語っている教会の信仰に『アーメン』と言いますか。それだけです。他に何も聞きません」。

エフェソの信徒への手紙が書いていることもそのことです。そういう信仰だけが求められているのです。しかし、九節から一〇節について、「それは、だれも誇ることがないためなのです」と言って、一〇節に「なぜなら」と言います。この「なぜなら」が興味深い言葉です。プロテスタント教会を生んだ改革をいたしましたルターが、このところについて書いた言葉が残っています。そこでルターは言う。ここは筋が通らない、と。音楽的に申しますならば、一種の音楽用語みたいなものを使っているのですけれども、前と後とで調子が合っていない。音楽の調子が合わない。調子が狂ってしまう。なぜそんなことを言うのかというと、「だれも誇ることがない」「行いによるのではない」と言っておきながら、「なぜなら」と言って、その理由を説明して「わたしたちは神に造られたものであり、しかも、神が前もって準備してくださった善い業のために、キリスト・イエスにおいて造られたからです。わたしたちは、その善い業を行って歩むのです」と続く。行いによるのではないと言いながら、なぜ、そんなことになるかというと、あなたがたが善い行いを行うからだ、と。善いわざを行うように、今、生きているからだ、と言う。行いによって救われているのではないのではないのか。単純に言うと、だから筋が通らない、とルターは言うのです。もちろんルターはそう言いながら、ここで語られている神の恵みのわざの素晴らしさを語ります。

皆さまのなかで、われわれが用いている新共同訳以前の翻訳を読み慣れておられる方は、「わたしたちは神に造られたもの」という言葉が、「私たちは神の良い作品であって」と訳されていたということを覚えておられる方もおられると思います。かつてもう十数年前、あるいは二〇年も前になるのかもしれませんが、この「私たちは神の作品」ということを主題にして、ここで説教をした覚えがあります。「神に作られたもの」というのを英語の翻訳で読みますと、「神のワーク」と書いてあります。「ワーク」というのは作品のことです。そう訳せる言葉です。「私たちは神の良い作品」ということは「神の傑作」ということです。みんな神の傑作なのだ。この傑作は善いわざにしか生きることができないように、われわれの歩みが善いわざになるように、神が前もって準備してくださっている。これもこころに留まる言葉です。われわれは洗礼を受けたときにびっくりするのです。これは、わたしがあなたのために書いたシナリオだ、あなたが歌うべき歌だと、神が与えてくださるものだと言ってもよいかもしれません。

ここでは、たとえば七節にこうあります。「こうして、神は、キリスト・イエスにおいてわたしたちにお示しになった慈しみにより、その限りなく豊かな恵みを、来るべき世に現そうとされたのです」。神の良い作品そのものが何をしているかというと、この世にあって、神の限りなく豊かな恵みが見えてくるような作品として生き続けるということです。本当に優れた芸術作品は、音楽であろうが、彫刻であろうが、絵画であろうが、われわれを豊かにします。豊かさを示してくれます。われわれは、そういう神の恵みの豊かさを、全存在をもって表すことができる。そのような作品になっているのです。

今回、図書委員に『Ministry』という雑誌を売っていただくことにしました。先ほど見ましたら売れ残っていましたけれども、この雑誌にはＤＶＤが付いておりまして、昨年の一一月に、日本基督教団浦和教会で語った説教の姿と、国分寺のわが家で撮影したインタビューが収められています。ある教会関係の出版社の方が、最近のカトリック新聞に、こんな記事が載っていましたよ、と切り抜きを送ってきてくださいました。そのカトリック新聞には、最近ではカトリックでも説教について新しい関心を示しているようでありまして、九州の司祭の方が、カトリックの方たちに、われわれもきちんとした説教をしようと言って、連載している記事があります。そこに私のＤＶＤを見たという感想が書いてありました。カトリックの方たちにこういうのを見て説教の勉強をしてもいいのではないかと勧めていてくださるのですが、そこでおもしろいことを書いておられました。この加藤という牧師は、そこで、聖書の話しかしていない。螺旋を描くように聖書の話しかしていない。他の話をしない。びっくりした、と言うのです。なぜかというと、カトリックの方たちは説教をするときに、できるだけ聖書の真理を分からせるように、その司祭の言葉で言うと、「実例を語る」と言うのです。われわれで言うと例話を語るということでしょう。私はそれを読んで、実は少しびっくりしたのです。そのときの言葉を改めて思い起こしていたのですけれども、皆さんもお気づきでしょうけれども、私は比較的そういう実例を挙げるということをよくするほうだと思います。しかし、説教の時にはあまり例話のたぐいはしていません。実例を挙げることをしていない。この司祭の方は、聖書の話だけするというのはインテリには良いかもしれないけれども、少し難しいのではないかということまで書いておられます。インテリは抽象的な言葉で聖書を説くだけでも分かるだろう。一字一句説いていけばいいだろう。しかし、そう思いながらこの説教を聴いていると、一字一句じっと聞いていると、ああ、実例などなくても説けるのだということが分かる、とまで書いておられます。

それを読みながら、私は、その司祭に一言言いたかったことがある。あのときに、実例はいりませんでした。それはなぜか、そのときに説いたのは同じエフェソへの信徒への手紙の第五章のこういう言葉です。「あなたがたは、以前には暗闇でしたが、今は主に結ばれて、光となっています。光の子として歩みなさい」。

やはり、「歩む」という言葉が出てきます。光の子として歩け。実例はいらない。なぜかというと、私どもが実例だからです。私の説教を聴いていた方々がみんな実例だからです。これはわれわれの話です。私たちの話です。光の子として歩んでいる模範的な人物を、どこかに探しに行く必要がないのです。一所懸命に本や伝記を読んで、「これが良い実例だ」と探す必要はないのです。われわれの話をすればいい。私はその司祭の方にそう言いたかった。私たちが実例でしょう。あなたがたが実例でしょう。聴いているひとたちに、そう言わざるを得ない。あなたも光の子でしょう。あなたも善いわざをするために歩んでいるのでしょう。

この第二章で、他のところでもそうですけれども、気がつくのは、皆さんも気がついておられるかもしれませんが、「キリスト・イエス」という言葉が、何度も用いられていることです。六節「キリスト・イエスによって」、七節「キリスト・イエスにおいて」、一〇節「キリスト・イエスにおいて」。「キリスト・イエスのなかで」ということです。しかも、「イエス・キリスト」ではないのです。「キリスト・イエス」です。おそらく、昔の教会においても「イエス・キリスト」という言葉が、何と言いますか、通常言い慣れている主イエスの呼び名だったのだろうと思います。ナザレにお育ちになったイエスという方が、キリスト、メシアになってくださった。いわばイエスという固有名詞に、キリストという称号がついている。しかし、ここでは「キリスト・イエス」になっている。あるひとが、やはり、救い主という言葉を強調したかったのだろうと言っている。「あなたがたが救われたのは恵みによるのだ」と言って、それをすぐに言い変えて、それはキリスト・イエスのなかで起こっていることだ、と語る。キリストのからだである教会のなかで起こっていることだ。洗礼を受けるということは、このキリストの恵みに飛びこんじゃうことだ。そう言うのです。

昨日、少し早めに来たので、落合先生とお茶を飲んで話をしました。東野先生たちが去ってからも、集会の人数は下がっていません。むしろ、去年の集会の人数よりも多いくらい。それは皆さんが新しい牧師を迎えるまでの歩みを整えようとして、一所懸命になっているしるしだと思い、とても素晴らしいことだと思いました。すると、落合先生がちょっと心細そうに、この一年、受洗者が与えられるだろうか、と言われました。やはり、新しい先生が来られるまで待たなければならないのだろか、と。そこには、本当はこの一年の間にも受洗者が与えられると嬉しいのだけれども、という思いがこもっているのだと思います。

皆さんのなかの、まだ洗礼を受けておられない方にお伝えしておきます。川崎先生が来られるのを待っていて、洗礼を受けるのはそのときがいいな、と思っているかもしれないと、洗礼を受けようと思っておられる方の釈明はしておきましたけれども、しかし、いつであっても、どこであっても、キリスト・イエスのなかにあって、自分は、あれは過去のことだと言えるのです。すぐに、的外れになったのは過去のことだと言える。少なくとも、洗礼を受けてもその過ちと向かい合う、それと戦うために雲を突き抜けて生きる。それが分かったときには、一日も早く、洗礼を受けていただきたい。やはりそう思う。こころからお願いをする。落合先生を安心させるなどということではない。大事なことは、そのような意味で、お一人おひとりの救いがここで明確になるということです。この救いの一線はくっきり見えてくる。かつてはこうだったのだなと思い出に留まるようになる。それゆえに、今、ここで、その罪の姿が現れたときには戦えるようになる。これが私どもに与えられている幸いであります。祝福であります。祈りをいたします。

み言葉を聴きました。み言葉に励まされました。あなたの救いがどれほど激しく大きく確かなものであるかを、自分自身に起こっているあなたのみわざとして知ることができました。洗礼を受けて、キリストと共に生まれ、甦り、空中の権を持つ者たちの支配を突き抜けて、すでに天に属する者となっている。そういう者たちが、ここで互いの名を呼び合いながら、キリストのからだの営みに参与することができている。これにまさる恵みはありません。こころから感謝いたします。主イエス・キリストのみ名によって祈ります。アーメン

（2009.6.21）

第二章一一―二二節

私たち自身に見る神のみわざ

イザヤ書第六〇章一―五節

だから、心に留めておきなさい。あなたがたは以前には肉によれば異邦人であり、いわゆる手による割礼を身に受けている人々からは、割礼のない者と呼ばれていました。また、そのころは、キリストとかかわりなく、イスラエルの民に属さず、約束を含む契約と関係なく、この世の中で希望を持たず、神を知らずに生きていました。しかしあなたがたは、以前は遠く離れていたが、今や、キリスト・イエスにおいて、キリストの血によって近い者となったのです。

実に、キリストはわたしたちの平和であります。二つのものを一つにし、御自分の肉において敵意という隔ての壁を取り壊し、規則と戒律ずくめの律法を廃棄されました。こうしてキリストは、双方を御自分において一人の新しい人に造り上げて平和を実現し、十字架を通して、両者を一つの体として神と和解させ、十字架によって敵意を滅ぼされました。キリストはおいでになり、遠く離れているあなたがたにも、また、近くにいる人々にも、平和の福音を告げ知らせられました。それで、このキリストによってわたしたち両方の者が一つの霊に結ばれて、御父に近づくことができるのです。従って、あなたがたはもはや、外国人でも寄留者でもなく、聖なる民に属する者、神の家族であり、使徒や預言者という土台の上に建てられています。そのかなめ石はキリスト・イエス御自身であり、キリストにおいて、この建物全体は組み合わされて成長し、主における聖なる神殿となります。キリストにおいて、あなたがたも共に建てられ、霊の働きによって神の住まいとなるのです。

私がここに立つときには、新約聖書のエフェソの信徒への手紙を、神から与えられた言葉として、聴き続けております。その手紙の最後、第六章二三節から二四節に、祝福の言葉が記されています。それをもって、説教者である私が皆さまに送る祝福の挨拶といたします。

平和と、信仰を伴う愛が、父である神と主イエス・キリストから、兄弟たちにあるように。恵みが、変わらぬ愛をもってわたしたちの主イエス・キリストを愛する、すべての人と共にあるように。アーメン

こころを高く上げよう！ そう歌ってこの主礼拝を始めました。この賛美歌は、かつて一九五四年版と言われ、私たちが歌い慣れた、今では第一編とも呼ばれている賛美歌集のなかにはありませんでした。一九六七年に、日本基督教団讃美歌委員会が、新しく第二編を編集いたしました。この教会では、その第二編を併せて歌うことを常としております。その最初に置かれておりますのが、この「こころを高く上げよう」です。もとの曲は英語でありますが、これを訳したと申しますか、それをもとにして、新しい日本語の賛美歌としたといってもよいような歌詞を書かれたのは、由木康という日

本のプロテスタントの賛美歌の歴史において忘れられない、信仰の詩人でもある牧師であります。この歌詞も良いし、歌も歌いやすいということもあるのでしょう、『讃美歌第二編』が作られる前から、たしかすでに歌われていたものですが、第二編に含められまして、今朝、皆さんの歌声を聞いても、皆さまも、日頃、親しまれる歌になったかと思っております。

この賛美歌の歌詞は、すでに一九世紀、イギリスの聖公会の牧師であった方が書いたものであります。その歌詞に第二次世界大戦後、アメリカの同じ聖公会のひとが曲をつけまして、アメリカでもかなり早く普及したと言われております。皆さんが、その楽譜の上の右をご覧になると、作曲したひとの名前がありまして、その作曲者の名前の上に、「スルスム・コルダ（Sursum Corda）」という横文字が記されております。ラテン語でありまして「こころを高く上げよう」、歌詞の最初に出てまいります言葉のラテン語の表現であります。それで、この賛美歌をスルスム・コルダと呼ぶことが多いのです。スルスム・コルダというのは、カトリック教会のミサと呼ばれます礼拝において、古くから語られてきた言葉であります。古い時代、古代と言ってよいでしょう、カトリックのミサの原形が生まれました。それを読みますと、最初にミサの司式をする司祭と信徒との間に挨拶が交わされまして、それからすぐに司祭が「こころを高く上げよう」「スルスム・コルダ」と言います。会衆がそれに対しまして、大変おもしろい表現でして、「私たちはすでに主を得ております」「主を持っております」と応えるのです。私どもには、すでにこころを高く上げてほめたたえるこころ、主が与えられている喜びが備えられています、と告げているのです。この「こころを高く上げよう」と呼びかけてミサを始める伝統は、今も続いておりますが、今日では、司祭が必ずしも「こころを高く上げよう」とは言いませんで、別の言葉です。しかし、同じ趣旨の思いを表現する言葉になっていると思います。
しかし、この古代の教会に生まれた礼拝で言葉を交わす慣習のもとになっておりますのは、すでに聖書にあります。言葉を交わしているわけではないのですが、「こころを高く上げよう」という呼びかけの言葉が記されている。旧約聖書の哀歌第三章四〇節以下にこう記されているのです。この哀歌は、イスラエルの民の都エルサレムが滅ぼされまして、廃墟と化したときに、廃墟の都において歌われた歌だと伝えられております。

わたしたちは自らの道を探し求めて
　主に立ち帰ろう。
天にいます神に向かって
　両手を上げ心も挙げて言おう。

ここにある「こころを挙げて」というのが、「スルスム・コルダ」です。後の教会でこの哀歌の言葉を告げるようになったと考えることができます。「両手を上げる」というのは特別な言葉ではありません。かつてユダヤの人びとは祈るとき、私どものように目をつぶって、下を向いてということをしないで、目を大きく開いて、両手を天に突き上げるようにして、大きな声で祈ったと伝えられています。
私が子どもの頃に愛読した本に『若き頃のイエス』というのがありました。とても懐かしい本で、古本屋にないかと思って捜したことがありますけれども、ある書店のカタログに一度見つけて、すぐに電話をしましたところ、「すでに売れたところです」と言われてがっかりしたことがあります。少年時代のイエスが描かれている。まあ、フィクションだと思います。そのなかに、雷鳴轟くなかで、少年イエスが立って、両手を高く天に向けて広げて、父なる神を呼んでいるお姿があります。子どもごころに忘れられないものでありました。

しかし、ここでは、哀歌は、両手を上げて、こころも挙げて、何と言うかというと、「わたしたちは、背き逆らいました。あなたは、お赦しになりませんでした」。私たちは罪を犯した。あなたは私たちをお赦しにならなかった。裁かれた。そのために、あなたの宮、あなたの神殿が建てられていたこの都が、このように荒れ果てている。とても厳しい状況になったようでありまして、そのなかで、歌われてまいります言葉のなかには、たとえば四九節以下です。「わたしの目は休むことなく涙を流し続ける。主が天から見下ろし／目を留めてくださるときまで。わたしの都の娘らを見て／わたしの目は魂に痛みをもたらす」。私の目が痛んでしまうほどに泣き続ける、と。そう申します。罪を嘆く、罪を悔い改める。そして、神の裁きを受けながら、しかし、他の誰を呼ぶこともできないし、呼ぼうともしない。その神を呼び続ける。五〇節です。「主が天から見下ろし／目を留めてくださるときまで」。もう一回、われわれのほうを向いてくださるまで、われわれのほうを、われわれを思い起こして、向きを変えて、救いの手を差し伸べてくださるまでと、祈り続け、歌い続けるのであります。

今朝、私どもに与えられているエフェソの信徒への手紙第二章のちょうど中央と言ってもよいところ、一四節にこういう言葉があります。「実に、キリストはわたしたちの平和であります」。この言葉は堂々たる宣言です。キリストこそ私たちの平和。私たちのこころを打つ言葉です。しかし、厳しい言葉です。自分のことでありますけれども、私は八〇年の生涯を生かされてまいりました。物心ついて、たしか三歳のクリスマスのときに、今は文京区になりますが、小石川の篭町というところにあったバプテスト教会の近くに住んでおりましたので、その教会の日曜学校のクリスマス会に母に連れられて行きました。すでに通い始めていた姉が、サンタクロースになりまして、かわいいころころしたサンタクロースとして登場した姿を、私は今でも覚えております。それ以来、今日に至りますまで、途中挫折がなかったわけではありませんが、キリストの教会のなかで生き続けてきました。幾度、この「キリストこそ平和」という言葉が語られてきたことだろうか。

「平和の福音」という言葉が一七節に出てまいりますが、まさに「福音こそ平和」「平和こそ福音」と語られてまいりました。私どものこころを揺り動かす言葉ですけれども、しかし、同時に、この言葉ほど、私どもの目から涙を呼び起こす言葉はなかったと言えるかもしれません。子どもごころに主を慕って、日曜学校に通い始めた頃、日本は戦い始めていた。教会に対する弾圧を始めていた。平和の福音を押さえつけて、戦いを続けていた。戦争が終わったところで、平和が高らかに告げられた。平和と民主主義という言葉はモットーとなった。しかし、それ以来、六十何年、私が生きてまいりました世界は、平和の世界という名に値しない。今も、主イエスが地上を歩まれて、平和を造る者たちこそ幸いだと言われたあの地において、世界で最も険しい憎しみの対立が、しかも、神の民イスラエルが中軸となって起こっている。イスラエルとパレスチナのひとたちの憎しみが、いつその炎を消すに至るか、誰も、途方に暮れるような思いで、預言することはできない。ドイツで過ごしておりまして、実際にパレスチナのひとに触れまして、そのひとたちのなかにある憎しみに、私自身も途方に暮れる思いになったことが何度もあるのであります。

しかし、そのような平和が見えないところを至るところに探すだけではなく、教会もまた、その平和を自分のうちに豊かにたたえて生き続けてきたわけではありません。今週、横浜で、プロテスタントが一五〇年、伝道の歴史を続けてきたことを思い起こす、かなり大きな集会が催されます。私もそこで、基調講演という大事な責任を果たすことを求められている。それでも、たった二五分。私にはどうしようもない時間をどういうふうに用いたらよいかと思いながら、一所懸命に準備をいたしました。しかし、私は自分に与えられている時間が短いと文句を言うだけではない。いったいこの一五〇年の自分たちキリスト者の歩みを振り返ったときに、何を誇らしげに語り、何を祝い得るかという、重いこころのほうが私にとってつらいものであります。われわれが属している日本基督教団も、平和に豊かに生きている教会とは言えません。一一月には日本基督教団の大きな祝いの会においても、やはり講演をすることになっています。今からそのことを思い続けております。いったい何をしているのだろうか。教会の営みひとつを考えてみましても、あそこに対立があり、ここに対立があり、あそこに敵意があり、ここに憎しみがある。私もまた、多くの人びとの憎しみの対象にされてきた事実がある。なぜこういうことが起こり続けるのだろうか。目が痛くなるほど涙が溢れるというのは昔話ではない。そこに見えてくるのは、ただ自分たちをさいなむひとたちの罪ではありません。哀歌は廃墟のなかに立って、この廃墟を招いた、神の民である自分たちの罪を、しかも、神がまだお赦しになってくださらないということを嘆きつつ、両手を上げるのであります。私はこのことを、私どもも退けることはできない。改革者ルターは、私どもの教会は、罪人の共同体だと言いました。本当にそうだと思います。涙を流さずにおれない私どもの姿を表すものであります。

しかし、そのなかで、エフェソの信徒への手紙は、「実に、キリストはわたしたちの平和」と語り続けるのであります。当時の世界が桃源郷の世界を生きていたわけではない。われわれが知っている、教会を裂く争いの悲しみは、パウロも知っていたのであります。パウロもまた涙を流したひとであります。「涙の手紙」と呼ばれる手紙を聖書のなかに書き残しているひとであります。そのひとが、しかし、ここ一一節に「だから、心に留めておきなさい」と語り始めます。

「心に留めておきなさい」という訳は、大変良い訳だと思いますが、皆さまが、いろいろな翻訳、外国語の翻訳も、比べて調べてごらんになると分かりますが、これは「心に留める」と訳すだけではなく、「思い起こしなさい」と訳されることもある言葉であります。正確に言うと「思い起こして、忘れないように、こころに留めておきなさい」という意味の言葉です。しかも、ここで思い起こさなければならないのは、われわれが聖餐にあずかるということです。この聖餐、主の食卓と呼ばれている食卓を共に祝い続けていたコリントの教会に宛てた手紙のなかで、パウロが書いた言葉を私どもは聞きます。そこに、主の食卓を定めた主のご意思が聞き取れるからです。そこに伝えられている主のお言葉は、「私の記念としてこれを行え」という言葉です。「私の記念として」というのは、やはり、ここでも、私のことを思い起こしながら、こころに留めながら、この食卓を囲みなさい、という意味です。同じ言葉なのです。

罪人の共同体だからこそ、思い起こすことがあるのだと、この手紙も語ります。私は新約聖書のなかにある手紙を説教として説いているときに思い起こしていることがあります。この手紙これ自体が一種の説教でした。いくつもの教会で、こういう礼拝の――そう呼んでいたかどうか、おそらく集会というのが、一般的な呼び方であったかもしれないけれども――集まりをしているときに、この手紙が読まれる。説教として読まれ、聴かれたと言うこともできます。誰かが、その説明をするということもあったかもしれません。ここでパウロ先生が言おうとしていることはこういうことだと。しかし、そういう注釈なしでも読まれたのではないかと思います。読まれて分かったのです。特にここは、エフェソの教会のひとたちによく分かったと思います。推測できることは、この手紙が読まれたときにも、エフェソの教会のひとたちは主の食卓を囲んでいただろうということです。「私を思い起こせ」という、主の言葉に合わせて、伝道者が、思い起こしてこころに刻め、と言うのです。よく分かったと思います。あなたがたはこうだった。あなたがたに起こっている。私たちのことです。私たちのことを語ってくれている。他人の話ではない。

学校のクラスで話をします。先生の話はいつも楽しいとは限らない。生徒は全く聞かないということもあるでしょう。しかし、生徒が必ず聞き耳を立てることがあります。それは、生徒の誰かの話をすることです。生徒のなかの誰かが、県の大会で金メダルをもらった、おめでとう、という話をすれば、名指しで語られている子は、少し恥ずかしいけれども、こころは喜びに満ちているかもしれない。周りの子どもたちは、少し羨ましいと思うかもしれないけれども、誇らしくよく聞くでしょう。これは私たちのことだ。私の仲間のことだ。私のことだ。そう思う。

伝道者が私たちの話をしてくれている。「あなたがたは以前には肉によれば異邦人」、ユダヤ人でなかったね、と。「いわゆる手による割礼を身に受けている人々」ではなかった。ユダヤの人びとは、いわゆる性器の先を割かれた。生まれながら神の約束にあずかっている。一二節では、「イスラエルの民に属さず、約束を含む契約と関係なく」と言われる。ユダヤ人はみんな、救いの約束のなかに生きている。あなたがたはそうではなかった。キリストとも関わりがなかった。キリストなしに生きていた。神も知らないで生きていた。この世のなかで希望もなかった。「うん、うん」と頷いて聞いていた。私たちはみんなそうだった。しかし、今は違う。一三節でこう語られる。「しかしあなたがたは、以前は遠く離れていたが、今や、キリスト・イエスにおいて」、キリストのなかにあって、キリスト・イエスのからだである教会のなかに、今生きて、「キリストの血によって近い者となった」。

何に近くなったかということは、多少解釈が分かれます。この先の一八節では、「このキリストによってわたしたち両方の者が」と言う。これは、ユダヤ人と異邦人が、ということです。「一つの霊に結ばれて」。そうとすれば、近くなったというのは、異邦人であるあなたがたがユダヤ人である私たちに近くなったね、と言っているということもできますが、その先では「御父に近づくことができ」たと言います。キリストの血によって近いものになったというのは、こんなに神さまに近くなった、親しくなったという意味だと理解するひとたちもいます。両方だと言えるかもしれない。距離が縮まった。神とのつながりにおいても、ユダヤ人との関わりにおいても。そういう私たちの話をしてくれているところで、「実に、キリストはわたしたちの平和であります」と言う。他人の平和ではない。私たちの平和としてここにおられるというのです。あなたがたの敵意のなかに、キリストの平和が確立する。敵意はお互いを叩き潰そうとします。攻めぎ合いが起こっています。実際に私どもの教団のなかにあっても、のるかそるかの戦いがあるのです。そういうところで、「二つのものを一つにし、御自分の肉において敵意という隔ての壁を取り壊し」、キリストが破壊行為をなさった。崩した。このキリストの破壊行為、敵意を破壊なさったということを、私どもは忘れることができない。このキリストの行為に逆らっている自らの罪を深く恐れざるを得ない。呻かざるを得ない。両手を上げざるを得ないのであります。

「隔ての壁」という言葉を読むと、私が思い起こすひとつのことは、ベルリンの壁と向かい合って生活をさせられたときのことです。西ベルリンで生活をしました。壁に近い牧師館に住んでいました。夜中にときどき銃の音がします。別に、どこかで夜間演習をしているわけではない。壁を乗り越えようとした者を、東ベルリンの兵隊が狙い撃ちするのです。翌朝の新聞に、また壁でひとり死んだという記事が出ます。

後に大統領となりました、リヒャルト・フォン・ヴァイツゼッカーさんが、かつてベルリンの市長をなさったことがあります。このヴァイツゼッカーさんはベルリンの壁を背にして、こう語ったことがある。「誰もがこの壁はどうしても崩れないという呻きをこころに抱いていた」。私も壁を通る度にそう思っていました。東のひとたちの検閲を受けるときにはパスポートを取り上げられて三時間も拘束されたことがある。どうなるか分からない。しかも、当時、日本と東ドイツの間には外交関係がなかった。東ベルリンに入るときに総領事館に行きました。入ってはいけないと言われました。それでも入って、トラブルが起きたときに、われわれは何もできないよ、という警告を受けました。堅い壁。その壁と向かい合いながら、ヴァイツゼッカーさんは言いました。「この壁は必ず崩れる。理由はただひとつ。人間が造った壁だから。神が造られた壁ではない。人間が造った壁は、神の手によって必ず崩される」。実現しました。

「キリストはわたしたちの平和」と言われる、この平和は、その意味では激しい破壊力を持っています。敵意という隔ての壁を取り壊してしまう。「こうしてキリストは、双方を御自分において一人の新しい人に造り上げて平和を実現」する。私どもは、「新しい人」という言葉をよく聞きます。洗礼を受けると、私は「新しい人」になる。「新しく造られた者」という言い方さえする。「新しい人」というのは洗礼に結びつくので、特にそうかもしれませんが、ひとりのことと考えることがあるかもしれませんが、エフェソの信徒への手紙は「一人の新しい人」と言って教会のことを語っている。教会がまるでひとりの人格のように、キリストの平和のいのちに生き始める。そこには、かつて、敵意をもって向き合っていた、お互いに差別し合っていた、ユダヤ人と異邦人がいる。ユダヤ人は自分たちこそ神に選ばれていると言いましたけれども、当時はローマの政治的権力のもとに屈していましたから、実に、複雑な敵意を抱いていたと思います。ローマ人もまた、ユダヤ人は神の民と言うけれども、何ほどのこともないと、差別していたかもしれません。そのローマの支配のもとにあって、ギリシア人は文化的な優越に生きていたかもしれない。お互いに差別し、お互いに優越感を抱き、お互いに劣等感を隠して生きた。それが、今、ひとつのからだになる。ひとりのひとになる。

なぜそれが起きるか。十字架を通して起こった。キリストが血を流してくださったから、それが起こった。十字架によって敵意が滅ぼされた。「キリストはおいでになり、遠く離れているあなたがたにも、また、近くにいる人々にも、平和の福音を告げ知らせられました。それで、このキリストによってわたしたち両方の者が一つの霊に結ばれて、御父に近づくことができる」。これは私たちの話だ、あなたがたの話だと、聖餐にあずかっている教会の仲間たちに言う。パウロ自身が、そこに奇跡を見ていたと思います。奇跡というのは、英語で「ワンダー」です。驚くべきものです。英語で「ワンダフル」と言ったら「素晴らしい」です。素晴らしい奇跡がここに起こっている。パウロ自身のなかに起こっている。パウロ自身が自分のなかで、ユダヤ人の自負と、それに根付く敵意が砕かれていることに、驚いていただろうと思います。あなたがたは地上で、もう外国人ではない。宿り人ではない。家がある。ふるさとがある。帰るべきところが与えられた。それは、「聖なる民に属する者」。イスラエルの民が独占していた言葉が、今、キリストの民の称号となる。「聖なる民に属する者、神の家族」。あなたがたは私の兄弟、私の姉妹。主の食卓を囲んでいたときに、いろいろな民族のひとがいたでしょう。いろいろな生まれのひとがいたでしょう。奴隷もいたでしょう。自由人もいたでしょう。学問のあるひともいれば、無学のひともいたでしょう。そのひとたちが、同じ食卓を分かち合っているときに、お互いに交わし合う目は、裁き合う目ではない。敵意の目ではない。見下す目ではない。ここに奇跡が起こった。私どももこの奇跡を信じ続けなければ、自らの罪に勝つ道はない。私は一五〇周年を祝うわれわれのやるべきことは、このキリストの恵みのもとに帰ってくる以外にない、両手を上げて、神の、キリストのもとに帰ってくる以外にはない、と思っている。

「使徒や預言者という土台の上に建てられて」。この二〇節以下は、興味深いことに、教会を神の家族という言い方から変えて、建物にたとえて語っています。「この建物全体は組み合わされて」。二二節には「共に建てられ」。みんな建築用語です。石と石を組み合わせていく。いろいろな素材を一緒に組み合わせて建物を造っていく。その土台は何か。それは「使徒と預言者」です。ついでに言わなければいけませんが、「預言者」という言葉を聴くと、皆さまは旧約聖書の預言者のことをお考えになるかもしれません。実際に、そのように解釈されたこともあるようですが、今はそのように読むひとはいません。パウロが書いたコリントの信徒への手紙一を読みますと、第一二章で、キリストのからだである教会は、さまざまな霊の賜物、恵みの賜物、カリスマを与えられた者によって造られていると言います。そのカリスマを数えていきますところで、第一に使徒、第二に預言者、第三に教師と、数え上げていくのです。預言者はそういう教会のなかでの職務です。

使徒はパウロも含めてイエス・キリストに選ばれたひとたちで、これには新しい使徒として加えられる者はありません。主イエス・キリストの救いのみわざの直接の目撃者である証人、復活の証人と呼ばれるひとたちです。この使徒たちによって立てられるのが預言者たちでありました。使徒と預言者は共通のところがありました。ひとところに留まっていないで巡回したのです。パウロはエフェソなどで、ちょっと長くいたことがありますが、定住の伝道者ではありませんでした。絶えず旅をした。預言者も旅をした。どうして旅をしたのだろうか。教会を訪ねて各地を旅します。建て上げられた教会を、また訪ねて歩きます。当時、すぐに信仰の書物が刊行されたわけではありません。新約聖書もありません。いろいろな通信の設備が整っていて、お互いに意思の疎通が簡単にできたわけではありません。しかし、各地にどんどん広がっていく教会は、みんなキリストの教会だと言えなければなりません。同じ福音を告げていなければなりません。同じ救いに生きている証拠、確かさがなければなりません。同じ言葉を担った使徒と預言者が、そのために巡回してくれている。どこの教会でも同じ福音を語った。あっちで語る真理と、こっちで語る真理とが違っていたら真理の名に値しない。至るところでキリストの話をした。キリストの平和の福音を語った。キリストが語られた平和の福音、その福音の神の言葉を委ねられた使徒と預言者たちが旅を続け、迫害に耐えて、至るところに神の言葉という土台を造った。

そのかなめ石はキリスト・イエスご自身。この「かなめ石」という言葉の理解については、今日においては、聖書学者のなかに意見がふたつあります。ひとつは、石で造られたアーチ型の建物を考えてくださるとよいと思います。両側から石をだんだん組み立てていきまして、だんだんその壁が湾曲して近づいてきて、その真んなか、中心に、しっかりした石がポンとはめ込まれます。そのことでアーチ型が崩れない。かしら石とかてっぺんの石という意味での「かなめ石」です。

しかし、新共同訳は「かなめ石」と訳したときには、もうひとつの理解が可能なように「かなめ」という言葉を使ったのかもしれない。もうひとつの「かなめ石」はどこに置かれるかというと、土台です。土台も石で造られていきますが、建物の形が決まったときに、中心の石をまず置きます。そこを中心として、石がどんどん並べられ、組み上げられていきます。かなめ石はやがて隠れるかもしれません。外に回ると、ようやくその姿が見つかるのかもしれません。その意味での隅の親石、隅のかしら石。コーナーストーンという言葉が使われることもあります。上にもキリストがおられる、下にもキリストがおられる。そう理解してもいいだろうと思います。

横浜でいたします基調講演のなかで、私は「クリストクラシー」という言葉を使ってみようかと思います。「クラシー」というのは、「支配」という意味の言葉です。「デモクラシー」という言葉でお聞きになります「デーモス」というのは「民衆」です。民衆が支配する。それを「デモクラシー」と言います。教会は民主主義だと言うことがあります。そうかもしれません。貴族制度だというひともあります。長老という少数のひとたちが責任を持つ。そうかもしれません。しかし、牧師あるいは有力な信徒が支配するというような独裁政治でも貴族主義でもない。民主主義でもない。そういう制度が役立つかもしれませんけれども、大事なことは「クリストクラシー」、キリストが支配なさるということです。私は講演のなかで、教会はキリストのものだから、キリストにお返ししようではないかと訴えようと思っています。主イエス・キリストに教会をお返ししよう。キリストの支配を妨げているわれわれの罪を悔いよう。キリストの平和をかき乱す自らの罪を悔い改めよう。

そして、このキリストが支配なさる教会が、「神の住まい」なのです。神が住んでくださる聖なる神殿なのです。だから、昔の教会は教会堂を建てることに興味がなかった。うっかり教会堂を建てたら迫害の目標になるからだとも言えるかもしれない。当時であっても、宗教はすぐに神殿を造りたがったものです。今でもそうです。われわれは神殿を持たない。いや、与えられている。私どもが神殿です。ここに神がお住みになるのです。それがこの食卓の意味するところでもあります。

二五年前に、私どもは、この教会堂を献げた。この教会堂の設計をしてくださったのは、稲冨昭という建築家です。つい三日ほど前に、稲冨先生の神宮前のお宅を何十年かぶりでお訪ねして懇談をしました。稲冨先生の全作品が、ある建築関係の出版社から書物になって今年中に出版されることになりました。それに私が文章を添えることになった。その依頼があった。文章の題が決まっているのです。「目と手としての建築」と言うのです。「目と手としての建築」。意味がよく分からないものですから、どんな意味ですか、と聞きに行きました。しかし、私は「目と手としての建築」という言葉を聴いたときに、ひとつのイメージが浮かんだ。特に、建物が「目」を持つということはどういうことだろうと思ったのです。目で見られるかもしれないけれども、建物が目を持つとは、どういう意味だろうか。稲冨さんが造った建物は教会堂だけではありません。個人の家もあります。しかし、建物が目を持つというのは、何かを見つめているということでしょう。何を見つめているのだろうか。建物が持っている手は何をしているのだろうか。私は何よりも、両手を上げて祈っている建物の姿を思い起こしました。この建物のことを考えずにはおれなかった。すぐ近くの森ホテルに泊めていただきます。ひとつの窓からこの建物が見えるのです。鎌倉の緑を背景にした、この教会堂は、やはり素晴らしいです。屋根の緑も素晴らしいです。壁の煉瓦も映えています。そこでも、ああ、目と手を持っている。両手を上げて、上を指し示して、あそこにわれわれの仲間が集まってくる。私どもは、その建物のなかで、主の食卓にあずかる。両手を上げましょう。こころから悔い改めましょう。両手と共にこころを上に上に上げようと思います。罪のゆえにうずくまるわれわれのこころを、主の手が、天へと運んでくださるのであります。祈りをいたします。

主イエス・キリストの血とおからだによって建てられた、この教会の、あなたの家、あなたの住まいとしての交わりのなかに生かされている恵みを深く深く感謝いたします。それゆえに、ご覧のように、悔い改めざるを得ない罪の姿も深いものであります。それゆえに、取りすがる思いで、天に手を差し伸べざるを得ない私どもであります。祈りを聞いてください。いやすでに、祈りが聞き届けられて、実に、ここに、「キリストこそわたしたちの平和」というみ言葉が現実となっていることをこころから賛美することができますように。主イエス・キリストのみ名によって祈り願います。アーメン

(2009.7.5)

第三章一―一三節

私たちに関わる神の計画

中命記第三章一―三節

　こういうわけで、あなたがた異邦人のためにキリスト・イエスの囚人となっているわたしパウロは……。あなたがたのために神がわたしに恵みをお与えになった次第について、あなたがたは聞いたにちがいありません。初めに手短に書いたように、秘められた計画が啓示によってわたしに知らされました。あなたがたは、それを読めば、キリストによって実現されるこの計画を、わたしがどのように理解しているかが分かると思います。この計画は、キリスト以前の時代には人の子らに知らされていませんでしたが、今や〝霊〟によって、キリストの聖なる使徒たちや預言者たちに啓示されました。すなわち、異邦人が福音によってキリスト・イエスにおいて、約束されたものをわたしたちと一緒に受け継ぐ者、同じ体に属する者、同じ約束にあずかる者となるということです。神は、その力を働かせてわたしに恵みを賜り、この福音に仕える者としてくださいました。この恵みは、聖なる者たちすべての中で最もつまらない者であるわたしに与えられました。わたしは、この恵みにより、キリストの計り知れない富について、異邦人に福音を告げ知らせており、すべてのものをお造りになった神の内に世の初めから隠されていた秘められた計画が、どのように実現されるのかを、すべての人々に説き明かしています。こうして、いろいろの働きをする神の知恵は、今や教会によって、天上の支配や権威に知らされるようになったのですが、これは、神がわたしたちの主キリスト・イエスによって実現された永遠の計画に沿うものです。わたしたちは主キリストに結ばれており、キリストに対する信仰により、確信をもって、大胆に神に近づくことができます。だから、あなたがたのためにわたしが受けている苦難を見て、落胆しないでください。この苦難はあなたがたの栄光なのです。

エフェソの信徒への手紙の最後に記されている祝福の言葉を、説教者の祝福の言葉といたします。エフェソの信徒への手紙第六章二三節、二四節であります。

平和と、信仰を伴う愛が、父である神と主イエス・キリストから、兄弟たちにあるように。恵みが、変わらぬ愛をもってわたしたちの主イエス・キリストを愛する、すべての人と共にあるように。

今、私が説教をするときには、共に神の言葉としてエフェソの信徒への手紙を聴き続けています。この手紙は、ほぼ二〇〇〇年近く前に記されたものであります。このような手紙はほとんどの場合に筆記されたものと伝えられております。実際に手紙のなかでそのことを察することができる表現があります。筆記者がいて、口述筆記をしたのです。たぶん、とても書きにくい、今日の紙とは違う用紙に、また独特の、今考えると、とても書きにくい筆記器具で書いたのだと思います。ですから、専門の筆記者のほうが良かったのでしょう。伝道者パウロもまた、筆記をさせている。しかも、あとで確かめますように、この手紙は獄中で書かれた。何らかの特別の許可が必要であったかもしれませんけれども、牢獄に筆記者を招き入れて、一定の時間、手紙を書いてもらった。このエフェソの信徒への手紙はそんなに短いものではありませんから、いったいどのくらいの日数を要したものであろうかと思います。

私ども説教者の仲間は、原稿を手書きでしたほうがいいか、コンピュータのワープロを使っていいかということを語り合うことがあります。私は、両方用いますけれども、コンピュータで書いていると、つい、指がどんどん動いていってしまうので、それを危ぶみ、むしろ手書きで、ゆっくり考えながら書くことを選ぶこともいたします。昔は、そんなことを心配することはなかった。ゆっくり書いていく筆記者の手許を見ながら、その先その先を考えながら、言葉を紡ぎ出していた。

そう思いながら、この第三章一節以下を読みますと、「わたしパウロは」というところで文章が途切れます。先ほどもここを朗読いたしましたけれども、いったいどのように朗読したら、このところを耳だけで聴いているひとに伝わるだろうかと思いながら、まだうまくいっていないと思います。エフェソの教会のひとも、これは、手許に手紙がコピーされて渡されていたのではない。「あれ？　妙な文章だな」と思って聴くだけであったかもしれません。

「わたしパウロは」と言って途切れた。そして、ここに大きな挿入句というよりも、挿入の文章が入りました。戻ってくるのは一四節でありまして、また「こういうわけで、わたしは」と言って、一節の言葉をもう一回語り直しているのであります。たぶん一節の言葉を口述して筆記してもらっている手許を見ているパウロが、見ているうちにこころが変わったのでしょう。初めは「こういうわけで」と書き始めてもらって、一四節にあるように、祈りの言葉を書こうと思った。父なる神の前にひざまずいてこう祈る。この次の主の日の礼拝にここを改めて聴きます。大変素晴らしい祈りの言葉でありまして、祈りの言葉に続いて、第四章一節以下で、「わたしはあなたがたに勧めます」と言って、これが、本来、エフェソにいる人びとに手紙を書きたかった主たる理由であると思いますが、勧告の言葉が終わりまで続きます。勧告というのは、慰めの言葉、励ましの言葉です。やがて、黙示録が書かれるようになった、厳しい戦いのなかにあった教会の人びとに、このように生きていきなさいと、とても実際的な勧めの言葉を語っていく。その前に、祈りが必要だ。その祈りを書こうと思っているところで、筆を止めさせた。

「あなたがた異邦人のためにキリスト・イエスの囚人となっているわたしパウロは」。「キリスト・イエスの囚人」という言葉をそのまま読みますと、イエスに捕らわれている、イエスの虜になっている私、という意味です。しかし、注解者の誰もが書きますように、これは、そういう意味もあるでしょうけれども、もうひとつの具体的な意味は、この手紙を書いているパウロは、獄中にあったということです。すでに第一章一節におきまして「神の御心によってキリスト・イエスの使徒とされたパウロ」とありました。それを言い換えて「キリスト・イエスの囚人である」と書いている。そのために、実際に獄中にあると自分のことを書いている。しかし、パウロは、だからといって、おそらくこれはローマであろうと推測されるのですけれども、ローマの獄中にあるパウロから、とは書かない。ローマの権力によって捕らえられているパウロ、私が、とは書かない。あなたがた、エフェソに教会を造ることが許されている人びとはユダヤ人ではない。ユダヤ人ではないあなたがたに福音を伝えるために、キリスト・イエスの囚人になっている。あなたがたに伝道をしたために囚人になっている、とも読める言葉です。今は獄中のひとである。そう書きながら、筆を止めさせた。なぜか。こころのなかに、ふと思うことがあたったのであろうと思います。

一三節にこういう言葉があります。「だから、あなたがたのためにわたしが受けている苦難を見て、落胆しないでください」。獄中にある私と書いて、その自分のことを思ってくれるエフェソの教会のひとたちの心中に思いが至ったときに、落胆しないでほしい、と書いた。

私どもが説教の準備をするときに必ずするのが、まず何よりもさまざまな翻訳を比べて読んでみるということです。日本語だけでもずいぶんいろいろな種類の翻訳があります。なかでも私が必ず丁寧に読みますのは、カトリックのフランシスコ会という修道会の研究所が出した、フランシスコ会訳と呼ばれているものであります。これは、今でも手に入るものです。皆さんにもぜひお勧めしたい。新約聖書一巻が一冊になったものが売り出されております。とても良いものです。そのフランシスコ会訳は「あなたがたのためにわたしが苦しみを受けているからといって、嫌気がさすことのないようにお願いします」と、訳されている。嫌気がさす。キリスト者であることが嫌になる。教会生活をすることが嫌になる。主の日だからといって礼拝に行こうと思うのだけれども、どうも気が進まなくなる。それは、いろいろな理由があるかもしれないけれども、ひとつの大きな理由は、自分たちのために一所懸命に伝道をしてくれたパウロが、情けないことに牢屋のなかにいる。自分たちの周囲もまた情勢も思わしくない。嫌気がさす。元気が出ない。らちの明かない思いがする。教会のひとたちがそうなってしまうことを心配したのでしょう。

そのすぐ前のところにはこういうふうに記されている。一二節です。「わたしたちは主キリストに結ばれており、キリストに対する信仰により、確信をもって、大胆に神に近づくことができます」。同じような言葉でヘブライ人への手紙のなかに、「大胆に神に近づこうではないか」という言葉がありますけれども、ここでは、近づくことができる、礼拝ができる、ということです。めげないで、嫌にならないで、また主の日が来たら集まって、信仰の生活を続けよう。続けることができるのだ。「大胆に」というのは、これは、「何でも言える」という自由をも意味する言葉です。ギリシア人は奴隷社会を作っていました。奴隷は自由ではない。自由にものを言うことはできません。奴隷でないひとたちは、何でも言うことができ、自分たちのやりたいことをやり、自分たちの好きなひとを選んで、民主社会を作る。そこが、奴隷と自由人の大きな違いである。自由な人間というのは何でもものが言えるはずなのだけれども、ときどき臆病になり、言わなければならないことも言えなくなる。それは本当の自由に生きていることではない。もっと大胆になろう。そういう意味で、何でも言える大胆さという言葉です。

ここでパウロは大胆に神に近づいて、大胆に何でも神さまに申し上げよう、と言っている。大胆に自分たちの信仰を言い表す。それがもうできるのだから、めげないようにしてもらいたいと言いながら、自分が牢屋のなかにつながれているということが、教会員の人びとの妨げになっては困る。だから、自分に何が起こっているのかということを、きちんと語る。

自分自身に何が起こっているのか。ある説教者はここについて書きまして、パウロが第二章までに書いていることは、実にスケールの大きいことである、と書いた。天地が造られる前からの神の救いのみわざのことについて語った。主イエス・キリストにおける、大きな十字架の和解のことを語った。ここで、いきなり話題が小さくなる。牢屋のなかに捕らえられているひとりの男の話になる。自分の話なんて小さなことだ。しかし、パウロは語らざるを得ないのであります。自分が語る福音、福音の真理は、自分自身に起こっている神の救いのみわざです。

先週、私はしばらく旅行をしまして、岩手県の盛岡の地で、説教塾という説教者の仲間のセミナーをやっておりました。そのセミナーをしておりました修道院に、新聞が朝早く届きました。みんなが集まるホールといいますか、ロビーといいますか、そこへ私が行きましたら、「先生、先生」と言って、ひとりの牧師が、その届いた新聞を私のところに持ってきて、広げて見せてくれました。この教会の海津忠雄さんが死去したというニュースがそこに出ておりました。私はしばらく、ちょっと言葉が出てこない思いがいたしました。ここで、思いがけず、説教をするために来るようになってから、何人もの方の姿が見えないので気になっていましたが、海津さんもそのひとりです。お具合でも悪いのかなと思っていたら、思いがけない死去の知らせでありました。

海津さんの思い出を語れと言ったら、一時間でも二時間でも語ることができる親しいお付き合いをいたしました。いろいろな思い出のなかで、すぐに思い起こしますのは、この教会堂が新しく献げられたときのことです。ここで礼拝をするようになりましてから、説教をする私と、説教を聴いてくださる皆さんとの距離がずっと近くなりまして、一人ひとりのお顔がよく見えるようになりました。海津さんはきちんと自分の定席を決めた。ちょうど、この真んなかの列のブロックの、前から三列目か四列目だったと思います。私がここに立って、説教をしようと原稿を見て、ひょいと顔を上げると、ぱっとそこに海津さんの顔がある。まず、海津さんの顔を見る。また、私の妻の居場所を確かめる。これが説教の最初のしきたりみたいになった。説教の初めだけではない。じっと、こうやって説教をお聴きになる方ですから、ひょいと見ると、じっとこちらを見ておられる。しばらく海津さんの顔を見ながら説教をする。ある日曜日、ひょいと見たらおられないのです。説教をしながら、あれっ、と思った。今日は具合が悪いか、どこかに出かけられたかなと思って、ひょっと見たら、この左のすぐここにおられた。礼拝が終わりましてから、挨拶をして、「今日は席をお変えになりましたね」と言った。「ああ、疲れましたよ」と言われた。来る度にじろっと睨まれる。説教の間も、またこっちを向いて話をする。「そりゃ、いくらなんでも疲れますよ」。それから私は特定の方の顔を睨んで話をしないようにしました。一所懸命に説教をお聴きになった皆さんのひとりでありました。

説教というと、海津さんが「説教をするキリスト」という題で書いた文章があります。何年か前に、私のところに、『レンブラントの聖書』という書物を送ってくださいました。オランダの改革派の教会の信徒であったレンブラントが、聖書の物語を絵にしている、そのいくつかを選んでのことであります。『レンブラントの聖書』という書物の表紙に、すでに印刷にしておりますのが、海津さんが「説教をするキリスト」と呼ぶエッチングです。この絵はおもしろいことに、外国語でも一〇〇グルデン版のエッチングと言われたのです。一〇〇グルデンというのはオランダのお金の金額を示すわけです。一〇〇グルデンというのは、そんなに安い値段ではないでしょう。相当高い値段だったのだと思います、一枚のエッチングにしては。それで評判になって「一〇〇グルデンの絵」と呼ばれるようになったのでしょう。海津さんもそのことを紹介しておられます。しかし、自分は「説教をするキリスト」という題にしたい。「説教をするキリスト」というのは、レンブラントの絵には他にもあるものですから、題が重なるのですけれども、しかたがない。真んなかに主イエスが立っておられます。よく知られている絵で、皆さんのなかにも覚えておられる方もあるかもしれません。海津さんは、まず、子どもを祝福しておられると言います。実際、母親が子どもたちを連れてきておりまして、その子どもが主イエスの足元に立っております。

しかし、マタイによる福音書の第一九章をレンブラントが絵にしたのだということも、よく知られているのでありまして、それを読みますと、このマタイによる福音書第一九章には富める青年というのが登場するのです。お金持ちの青年がやってきて、「とこしえの命を継ぐためには、私は何をしたらいいですか」と主イエスに問うた。すると主イエスは、「あなたの財産をすべて貧しいひとたちに施して、私について来い」と言われた。「とんでもないことだ」と、青年は、そんなことできないと、悲しみながら立ち去ったというのです。海津さんは、しかし、言います。立ち去っていない。レンブラントは立ち去らせていない。ここにいる。左のほうを見ますと、その若者らしい者が、そこにぽっとスポットライトが当たったように書かれています。座り込んでいます。主イエスはそこで弟子たちと会話をなさいます。「金持ちが天の国に入るのはらくだが針の穴を通るよりも難しい」。きちんとらくだが右のほうを見ると描いてあります。そして、そのらくだが運んできたのだと、海津さんが説明します。主イエスに病気を治していただくための病んだ者が、病人たちが前に横たわっている。海津さんはおもしろいことを言われる。この後、主イエスと弟子の会話が続く。「そんなことを言ったら誰も救われない。いったい誰が救われるんですか」と弟子たちがいぶかしんで主イエスに尋ねると、「ひとにはできないが、神にはできる」とおっしゃった。海津さんは断言した。今、このキリストは「神にはできる」とおっしゃっている。どこにも書いていないです、ここには。それを聴き取っているのです。しかし同時に、明らかに海津さんは、その書物だけではなくて、昨年出した『思想力』というキリスト新聞社から出した本のなかにも論文を寄せて、もう一度その絵を取り上げておられます。そこでもやはり、この金持ちの男に同情しているような言葉つきです。

ドイツで出版されました本を読みますと、この金持ちとその周りのひとたちだけを部分的に切り取っているものがありまして、そこに題がついている。「疑う者と母親たち」。子どもたちを連れて来た母親たちが群がっていますけれども、そのなかに若者がいるのです。自分が立ち去った後、主イエスと弟子たちとの間に交わされた会話を聞いているのです。自分のことだと。「何だと、人間にはできないけれど、神にはできるだって」。自分は主イエスに退けられたと思っているけれども、主イエスは子どもたちを招いておられる。自分にはあんなに厳しいことをおっしゃりながら、幼子は天の国にふさわしいということをおっしゃって、幼子を祝福しておられる。いったい何なのだ。何を意味するのか。答えを見出すこともできないままに、立ち去ることもできないで、母親たちのなかで、じっと座り込んで、キリストの言葉に耳を傾けながら疑いが解けないでいる。もしかすると海津さんは、それに自分の姿を重ねたのかもしれないし、私どももそういう見方をすることができる。ひとつの一連の出来事を一枚の絵に描くのは、昔からの教会における絵の描き方ですけれども、レンブラントはそれに従いながら、キリストの説教が呼び起こす波紋を、実に見事に描き出したと言うことができます。

私は海津さんの訃報を聞きながら、この絵のことを思い起こしました。去年はまだこの絵の話をしていた海津さんが死を迎えた。突然の死ではなさそうだ。ご自分の死。衰えていく肉体を見つめながら、キリストとどういうふうに向かい合われたのだろうか。

昨日、この教会堂にやってまいりましたら、昨日の葬儀のときに配られたという、いわば海津さんの絶筆、小さな書物を拝見いたしました。ヨブについて書いておられるのです。皆さんのなかにもお読みになった方がおられるでしょう。肉体がぼろぼろになりながら、神のなさり方に憤りをも覚えたヨブを、自分の衰えのなかで読み続けたようです。しかし、実に確かな筆であることに驚きました。葬儀で選ばれた賛美歌にも、私は心打たれました。ずっと問い続けたに違いない。私どももみんなそうです。大きな神さまの救いのご計画でしょう。しかし、それが私に、何の関係があるのか。小さなことなんて言っていられません。私にとっては大変なことです。私に神はいったい何をなさろうとしているのか。今、何をなさっているのか。若い時にだって、そのことを問い続けて悩むことだってあるでしょう。肉体が衰えてくれれば、改めてそのことを問うでしょう。まして、自分の死がはっきり見えてきているときに、神は私に何をなさろうとするのですか、と問うでしょう。

パウロもまた獄中にあって、もしかすると、この獄を出るときには、死刑台が待っていたような状況にあった。実際にパウロは後に殉教したと伝えられたひとであります。そして、そのことがこの自分に起こる。もしもなおそこで運命という言葉を使うことができるならば、その運命を、いぶかって、自分自身もまた、うろたえかねない教会員のことを思いながら、この私に何が起こっているのかということを、ここで語り始める。

パウロも説教者です。私は、さっき申しました説教塾、若い説教の勉強の仲間に言います。われわれは、言葉だけで説教はできない。存在をもって語る。自分の存在をさらけ出して語る。パウロはもちろん言います。私たちは自分自身を宣べ伝えるのではない。宣べ伝えるのは主イエス・キリストだ。そのとおり。自分を宣べ伝え始めたら、自分を救いの根拠のように語り始めたら、教祖に堕ちてしまう。その危険はいつもある。しかし、神の救いは、私の存在において起こる。だから、説教者はいつも自分の話をすることができなければいけない。自分の存在を抜きにして救いの話はできない。パウロは、ここで、自分の話をする。「あなたがた異邦人のためにキリスト・イエスの囚人となっている」。しかも、私を捕らえているのは、主イエス・キリストだ、と。

「あなたがたのために神がわたしに恵みをお与えになった次第について、あなたがたは聞いたにちがいありません」。「恵みをお与えになった次第」というのは、なかなか苦心した訳であります。この「次第」というのは、原文はギリシア語でありますが、あえてギリシア語をご紹介すると、「オイコノミア」と言うのです。「オイコノミア」というギリシア語をなぜご紹介したかといいますと、そこから「エコノミー」という言葉が生まれたからです。「オイコノミア」という言葉は、「オイコス」という「家」という意味の言葉に基づくものであります。その家のなかを取り仕切ることです。ですから、ちょっと難しい言葉でいうと「家政学」などという言葉で説明している辞書もあります。しかし、簡単に言えば、一軒の家を預っている女性が、自分の家のなかを取り仕切ることと言ってもいいでしょう。そこから、大きな規模の会社を経営したりすることも、この言葉で言われるようになり、やがて、「経済」という言葉になった。

この「オイコノミア」という言葉が、もうひとつ訳されると「経綸」という言葉になります。国家が、順調に歩みを進めるように責任を持っている者が取り仕切ること。「国家の経綸」であります。「神の経綸」という言葉もあります。神がすべて取り仕切ってくださる。そうすると、また問いに戻ってくる。この私に神の経綸が現れてくるのか。パウロははっきり言う。「神がわたしに恵みをお与えになっ」て、何をしてくださったか。どのように取り仕切ってくださったか、恵みをもって取り仕切ってくださったか、あなたは知っている。あなたがたも聞いて知っているはずだ。私も語るし、私のことについて私の周りの人びとも、いろいろ言ってくれるだろう。

「初めに手短に書いたように」。これはおそらく第二章までの言葉のことでしょう。その手紙の初めのほうに書いたけれども、ずいぶん長い言葉のようですけれども、神の壮大な計画に比べれば、手短に書くよりほかはない。その手短に書いたそれを読んだならば、四節、あなたがたは「キリストによって実現されるこの計画を、わたしがどのように理解しているかが分かると思います」。

「どのように理解するか」という言葉は、翻訳によっては「どのように洞察するか」です。ちょっと難しい言葉で、もっと別の言葉で言えば「見抜く」です。神さまの計画を見抜くことができるようになった。それとの関連でこころに留まるのは、三節に戻って「秘められた計画」という言葉です。この「秘められた計画」という言葉は、かつての私どもの知っている、エペソ人への手紙の翻訳ですと、「奥義」と訳されていました。「奥義」のほうが、ギリシア語の本来の意味に近いかもしれません。「奥義」というのは、めったに初心者には見せないような、宗教の知恵、哲学の知恵と言ってもいいものです。「奥義」が分かるようにならないと、教えるわけにはいかない。けれども、ここでは「秘められた計画」が啓示によって——「啓示」というのは「啓き」「示される」ということです——秘められていなくなってしまった。「奥義」でなくなってしまった。私に知らされました。私は神さまの秘められた計画を見抜くことができます。終わりまで。

一一節に「これは、神がわたしたちの主キリスト・イエスによって実現された永遠の計画」とあります。この「永遠の計画」が、今ここに、私に見えるものになりました。私の言葉を聴いたらあなたがたもそれが分かる。「この計画は、キリスト以前の時代には人の子らに知らされていませんでした」。イエス・キリストが来られる前は、たしかに誰も知ることができなかった。神しかご存知でなかった。今は、誰でもが、知ることができるようになっている。何よりも「今や〝霊〟によって、キリストの聖なる使徒たちや預言者たちに啓示された」。この文章は、原文はもう少し別な訳し方をすることができます。「聖なるキリストの使徒たちと、霊による預言者たち」というふうに分けるのです。使徒たちはキリストから直接召されました。キリストから直接言葉を聴きました。キリストの救いの出来事に立ち会いました。預言者たちは、キリストと直接に言葉を交わすことはできませんでしたけれども、聖霊によって同じことを啓示されました。同じことを教えていただきました。みんなその救いの計画を知っているのです。

その救いの計画は何かというと、「すなわち、異邦人が福音によってキリスト・イエスにおいて」と書かれています。「福音」というのは、たとえば第二章の一六節の「十字架を通して」、十字架によって、という言葉で記されているような、神の平和の福音です。神の平和、神の和解が実現をした。それこそ喜びの知らせです。その福音を聴くことによって、キリスト・イエスにおいて、キリスト・

イエスのなかで「約束されたものをわたしたち〔ユダヤ人〕と一緒に受け継ぐ」。異邦人もユダヤ人も区別なく、約束をいただく。約束の実現にあずかることができる。救いの宝を受け継ぐことができる。「同じ体に属する」「同じ約束にあずかる」とあります。「一緒に受け継ぐ」というのも、「同じ」というのも、原語では同じ言葉です。同じように受け継ぎ、同じキリストのからだに属し、同じ救いの約束にあずかる。永遠のいのちの約束にあずかる。それが、神の救いの計画だ。

「神は、その力を働かせてわたしに恵みを賜り、この福音に仕える者としてくださいました」。ここでパウロが、「恵み」という言葉を何度も繰り返しているということは、すでにお分かりになると思います。この「恵み」は八節では「聖なる者たちすべての中で最もつまらない者であるわたしに与えられました」。恵みですから、相手の資格は問わない。パウロは他の手紙では、私は罪人のなかの最たる者、最もひどい罪人だった、と語ります。かつての訳ですと「罪人の頭」とさえ語りました。あるいは別のところでは、みんなのなかで最後に生まれたような者だ、一番小さな存在だということを、いつも認めていた。それはただ、へりくだっているのではない。神の恵みの大きさが知らせる私どもの小ささです。だれも大きさを誇ることはできない。恵みにふさわしい大きさがあるなんて誇ることはできない。みんな、つまらない存在であったのに、こんな大きな恵みを受けた。

原文で読んでおりまして、自分でふっと、微笑を自分で浮かべているのではないかという思いになったのは、七節の「この福音に仕える者としてくださいました」という言葉です。私がそのときこころのなかで訳したのは、「この福音に仕える者になってしまった」「福音の奉仕者になっちゃってます」という言葉です。びっくりしているのです。私のような者が、キリストの福音を宣べ伝えて、そのおかげで牢屋に入れられるほどまでに、キリストのお役に立つまでになっちゃいました。これは、ただ神の恵みとしか言いようがないではないですか。

「わたしは、この恵みにより、キリストの計り知れない富について、異邦人に福音を告げ知らせており」。「測り知れない富」という言葉は、かつての訳ですと「無尽蔵の富」と訳されたことがあります。計り尽くすことができない。あるひとの説明ですと、この「計り尽くす」というのは、ひとが歩いて、ものの大きさ、この場合ですと土地の広さなどでしょう、そういうのを計っているときに、使われる言葉です。計り切れない、と言うのです。これがお前に与えられたものだと言って、それでは歩いてぐるっと一回りしてみましょうと言っても、計り切れないのです。いつまでたっても終わりが来ない。それほどの豊かさを与えられているのであり、そのことについて異邦人、あなたがた異邦のひとにも、ユダヤ人でないひとにも、この無尽蔵の富は与えられているのだと告げ知らせ、伝道をして歩いており、「すべてのものをお造りになった神の内に世の初めから隠されていた秘められた計画が、どのように実現されるのかを、すべての人々に説き明かしています」。ここにも実は「オイコノミア」という言葉が出てきます。秘められた計画を、神さまがどのように、実現してくださるのか。どのようにはかりごとをやり遂げてくださるかを「すべての人々に説き明かしています」。

この「説き明かす」という言葉には、もとには「光」という言葉が入っています。光を当てるということです。すべてのひとについて、皆さん一人ひとりについて、神の救いについて暗いところはないのだ。聖書が明らかにしている。私たち使徒の言葉を記した聖書が明らかにしている。その聖書を説いている説教者たちが、光のなかに置いている。これは、「こうして、いろいろの働きをする神の知恵は、今や教会によって、天上の支配や権威に知らされるようになった」。おもしろい言葉です。とてもおもしろい言葉です。この手紙を書いた頃の人びとは、天にさまざまな支配者がいると思ったのでしょう。あるいは、そのなかに天使がいたのかもしれない。天にある権威です。神のことを地上にいる人間よりもよく知っているはずです。ところが、地上に造られたキリストのからだに生きている、われわれ教会によって、天にいる天使たちも神の計画のことを初めて聴くことができる。あなたがたは天使の教師になれる。いや、なっている。教会の言葉は、そのように、天にある存在にまで届いている。

「これは、神がわたしたちの主キリスト・イエスによって実現された永遠の計画に沿うものです」。小さな獄中にある存在である自分について語り始めながら、ついに、神の永遠の計画を語り始める。いや、終わる。そして、ここで、さあ、大胆に神に近づこう。めげないで、私が獄中にあって苦しんでいることも、喜んで受け取ってもらいたい。この苦難は、あなたがたの栄光だと。あなたがたには、ここに神から与えられている、あなたがたの栄光のしるしを見てもらいたい。この伝道者の苦しみにおいて。ここに神の光が輝いている。キリストの光が輝いている。

そして、私について言えることは、あなたがたみんなについて言えることだ。その意味では、海津忠雄というひとりの教会員が、ここに生きて、ここに召されて、もはやこの礼拝の席にいることはない。しかし、栄光の輝きのなかに置かれていることは確かなことです。その小さな書物を読むと、夫婦ふたりで病んで、孤独になって、人びとはいつでも必要があったら来てくれる、と言うけれども、誰も来てくれない。また、それを頼みにしていいとは言えない。誰にいつ頼んだらよいか分からないではないか。本当に寂しかったと思うのです。私はその言葉を読むと、やはり教会に属する者として痛みを禁じ得ない。その孤独のなかに置いたことは申し訳ないとしか言いようがない。しかし、このひとりのひともまた、その意味では、使徒のひとりとしてここに生きたと言うことは許されると思っています。なるほど、使徒パウロは、パウロの独特の意味において使徒であった。それに続く預言者たちは、皆、神の言葉を与えられた預言者であった。しかし、私も神の恵みによって福音に仕える者になっちゃったという驚きは、皆が知っているものです。

今日の午後、床磨きをなさっているところでも、福音の奉仕者になっちゃった。その驚きが床磨きをする方たちをひとつに結んでいると私は思います。そして、みんながやがて、どういうかたちか予測はつかないけれども、地上の生涯の終わりを迎える。神の永遠の計画のなかでであります。これが私どもに与えられている神の救いの計画であり、祝福であります。祈りをいたします。

確かさのなかにあります。大胆に生きる勇気を与えられて、ここに来ています。あなたに大胆に近づくことができます。大胆に地上の生活を引き受けることができます。自分の死すらも、自由な思いで、あなたのご計画の一齣として受け入れることができます。そして、この私、と言って、言葉をとどめて、この私における神の経綸を見よと、証しすることができるのです。この恵みをこころから感謝いたします。主のみ名によって祈ります。アーメン

（2009.7.26）

第三章一四—二一節

キリストの愛のなかでひざまずき

哀歌第三章二二—三三節

こういうわけで、わたしは御父の前にひざまずいて祈ります。御父から、天と地にあるすべての家族がその名を与えられています。どうか、御父が、その豊かな栄光に従い、その霊により、力をもってあなたがたの内なる人を強めて、信仰によってあなたがたの心の内にキリストを住まわせ、あなたがたを愛に根ざし、愛にしっかりと立つ者としてくださるように。また、あなたがたがすべての聖なる者たちと共に、キリストの愛の広さ、長さ、高さ、深さがどれほどであるかを理解し、人の知識をはるかに超えるこの愛を知るようになり、そしてついには、神の満ちあふれる豊かさのすべてにあずかり、それによって満たされるように。

わたしたちの内に働く御力によって、わたしたちが求めたり、思ったりすることすべてを、はるかに超えてかなえることのおできになる方に、教会により、また、キリスト・イエスによって、栄光が世々限りなくありますように、アーメン。

ローマの信徒への手紙第一五章五節、六節にあります、使徒パウロがいたしましたローマの教会のための祈りを読み、説教者としての皆さまへの祝福の挨拶といたします。

忍耐と慰めの源である神が、あなたがたに、キリスト・イエスに倣って互いに同じ思いを抱かせ、心を合わせ声をそろえて、わたしたちの主イエス・キリストの神であり、父である方をたたえさせてくださいますように。アーメン

先にここで説教いたしましたときに、哀歌第三章四一節にあります「天にいます神に向かって／両手を上げ心も挙げて言おう」という言葉を引用いたしまして、ユダヤの人びとは、祈るときには立って、両手を天に向けて高く上げて、大きな声で祈ったようだと申しました。パウロもそうであったと思います。ところが、ここではこう書いている。「こういうわけで、わたしは御父の前にひざまずいて祈ります」。

私がエフェソの信徒への手紙を説きますときに必ず読みます参考文献のひとつは、私が大変恩恵を蒙りました吉祥寺教会の竹森満佐一牧師が遺しておりますエペソ人への手紙の講解説教であります。そのなかで竹森先生は、ここでパウロがひざまずいて祈っているということについて、こういうようなことを語っておられます。パウロもユダヤ人であっていつもは立って祈っていたであろうけれども、ここではひざまずいている。ひざまずいて祈ったひとはほかにもいる。十字架につけられる前に、その苦しみをめぐって父なる神と最後の言葉を交わされた主イエスは、ひざまずいて祈ったと、ある福音書は記し、ある福音書は、それどころか、うつ伏せになって祈られたと記している。竹森先生は、祈りの姿勢というのはどうでもよいのではないか、ただ「心をつくして祈ることが、自然にこういう

形になったのでありましょう」と語っておられます。

パウロは今、獄中にあります。今朝与えられたみ言葉に先立ちまして、先週、共に聴きました言葉の最後一三節では、「あなたがたのためにわたしが受けている苦難を見て、落胆しないでください」と呼びかけております。われわれに伝道をしてくれたパウロ先生は、今、牢獄のなかにいる。苦しめられている。その姿を思ってあなたがたが落胆しないでほしい。めげないでほしい。たじろいでしまわないようにしてほしい。この私の苦しみもまた、「あなたがたの栄光」のためなのです。ここでもすでにこころを尽くしながら説いた。そして、その手紙を口述させながら、ひざまずいて祈ったのであります。ただ言葉の上だけではない。もしかすると、ひざまずきながら、なお祈りの言葉を筆記者に書き写させたのではないかと考えることができます。ひざまずかずにおれなかった。こころを尽くしてエフェソの教会の人びとのために祈らなければならなかった。なぜなのだろうか。

エフェソの信徒への手紙と呼ばれるこの手紙は、第四章から第六章にかけまして、まことに豊かなキリスト者の生き方を教える言葉を語っております。第四章の一節には、もう一度、自分が「主にある囚人」であることを明言した上で、「あなたがたに勧める」、倫理的な勧告を与える、と書き始めたと理解されます。しかし、これは単なる倫理・道徳のたぐいの生活の勧めではありません。もっと深く、もっと豊かなものと言わなければならないであろうと思います。

私がここに立つ間は、このエフェソの信徒への手紙を説くことにしております。来年の三月の最終の主の日、棕櫚の主日、受難週に入ります主の日が、ここでの説教の最後になります。先日、それまでにここに伺っていたします説教の回数に合わせて、この日はここと、説教をする箇所をそれぞれの説教に割り振ってみました。無事に最後の主の日に、エフェソの信徒への手紙の最後の部分を説くことができるようであります。余ったらもう一度来なければならなくなると思いましたけれども、その必要はなさそうであります。きちんとそこで語り終わります。

その間、ご一緒に聴き続ける言葉はまことに豊かなものでありますけれども、しかし、もしかすると、内心ためらう思いも生まれるかもしれません。もうずいぶん以前のことでありますが、ある町の教会に、特別の集会の講師として招かれて行きました。その集会では、今は絶版になっておりますが、私が書いた小さな一冊の書物をテキストにして学ぼうというのでありました。日曜日の午前の礼拝で説教をして、午後はまず私が講演をすることになっておりました。土曜日に行きました。その教会の牧師が宿に訪ねて来られた。丁寧な学びをする教会でした。私はそのときに初めて聞いたのですが、私が行く前に、二週間前であったか三週間前であったか、その前にすでに準備の集会をした。修養会のための準備修養会をやって、同じ書物を、皆で念のために読んだそうです。そのときに語り合った言葉を記録してプリントしたものを私のところに持って来られた。だいぶ分厚いものでありました。私はそれを読んでいささかびっくりしました。それで翌日、礼拝説教に続いて語るべき講演の原稿もすでに用意し、それに添えてそこで配るべき資料も用意してきたのですけれども、すべてそれを破棄した。改めて原稿を書き直した。

なぜかと申しますと、読んでいただいた書物の本来の主題ではなかったのですけれども、その主題を説きながら、私が一言こう書いた。「キリストの教会のなかには、本音と建前の区別はありません」。これに多くの方たちが引っかかった。その報告書のなかでは、特にひとりの女性が長い言葉を述べておりました。そのひとは、はっきり言っているのであります。教会の集会に出ても私は本音を語ることはできない。自分が語りたいと思っている本音はむしろ抑えられてしまう。そこで聴く牧師の説教も建前しか語らない。教会の者も建前しか語らない。それを嘆いているのです。私は、これは教会にとってとても困ったことだと思いました。それで、どうすれば本音と建前の区別が教会のなかでなくなるのかを丁寧に語った。講演のあと、皆でグループに分かれて語り合い、また戻ってきた。五つのグループの話し合いの報告のうち三つのグループが、それでも本音と建前の使い分けをせざるを得ないと言い返してきた。私は正直な反応だと思いましたけれども、あなたがたの本音病と戦いますと言って、それからまたひとつの講演と言えるほどの長い話をした。その後の効果のほどがどれほどであったか聞いておりません。ただ私は、ここに日本の教会にとってのひとつの大事な問題があると思いまして、のちに『愛の手紙・説教』という書物を出しましたが、そのなかでこのことをもう一度取り上げました。

教会員がここに集まってきまして、いかにも親しく語り合いますけれども、そこでは本音は言えない。どこでも言えない。寂しい。そこで教会員のなかの気の合った者たち数人が、帰りに駅前の喫茶店かどこかで、ビールまで飲まなければさいわいで、コーヒーだけで我慢するとしても、とにかく本音を語ることができて、ああ、これで気がすんだ、というようなことでは困る。牧師の説教から建前としか聞かれないとすれば、それはとても不幸なことだ。私はここに立って自分が語る言葉が建前としてしか聞かれないならば、この場所を降りる。私は本音しか語らない。説教というのは、そういうものであります。ここのところをよく分かってもらいたかった。

しかし、パウロが感じ取っていたのも同じような問題でした。パウロは日本人ではありません。日本人は本音と建前を上手に使い分けると言いますが、そのようなことがここでは問題ではない。そこに現れてくる、人間の、みじめなと言ってもよい正直な姿と、パウロは向かい合わなければならなかったと私は思っております。

竹森先生は多くの説明をしない。ただパウロがひざまずいた姿と主イエスが私どもの罪のために死なれる覚悟をするためにひざまずかれたお姿とを重ね合わせる。うつ伏せになって呻くように、神に、この苦しい杯を飲まなければなりませんか、と訴えられた主の姿と、ひざまずくパウロの姿とを重ね合わせたのであります。これは意味の深いことであります。

旧約聖書にもひざまずいて祈る姿はさまざまに語られておりますけれども、そのひとつが先ほど共に聴いた哀歌第三章であります。エルサレムの都が滅んで、民の深い罪を嘆かずにおれなかったひとりの信仰者、あるいは詩人であったかもしれない、預言者であったかもしれないひとです。このひと自身がひざまずいて悲しみの歌を歌い、祈っている。そのひとが廃墟のなかにうずくまっている若者にも呼びかける。若いうちにこの悲しみを知るとき、それはただ嘆くだけでは終わらないであろう。むしろ、若い時にこの軛を負ったひとはさいわいだ。「軛を負わされたなら／黙して、独り座っているがよい。塵に口をつけよ」。ひざまずくどころか、ひれ伏したらよい。塵が、土が唇につく。それほどに罪のなかにひれ伏すとき、「望みが見いだせるかもしれない。……主は、決して／あなたをいつまでも捨て置かれはしない」。

伝道者パウロは、たとえばコリントの信徒への手紙二と呼ばれる文書を読みますと、そこでも呻きに呻きを重ねるように語ります。第四章では、私はもろい「土の器」なのだ、そう嘆きました。しかし、それをはっきり受け入れました。あるいは第六章を読みますと、こういう言葉を書き連ねております。「大いなる忍耐をもって、苦難、欠乏、行き詰まり、鞭打ち、監禁、暴動、労苦、不眠、飢餓においても、純真、知識、寛容、親切、聖霊、偽りのない愛、真理の言葉、神の力によってそうしています。左右の手に義の武器を持ち、栄誉を受けるときも、辱めを受けるときも、悪評を浴びるときも、好評を博するときにもそうしているのです。わたしたちは人を欺いているようでいて、誠実であり、人に知られていないようでいて、よく知られ、死にかかっているようで、このように生きており、罰せられているようで、殺されてはおらず、悲しんでいるようで、常に喜び、物乞いのようで、多くの人を富ませ、無一物のようで、すべてのものを所有しています」。自分には苦しみがあり、欠けがある。自分には行き詰まりがあり、神の言葉が語る通りには生きられなくなる。しかし、そこでは神の力によってしか生きることができないし、そのように事実、神の力によって生かされている。これがパウロの本音であります。

神の力によるほか生きることはできない。それはエフェソの教会の人びとも同じであります。先ほどの第三章に「あなたがたの栄光」という言葉を書いておりますけれども、それに響き返すように、第五章八節では「あなたがたは、以前には暗闇でしたが、今は主に結ばれて、光となっています。光の子として歩みなさい」と言いました。「光の子」と呼ばれてエフェソの教会の人びとはたじろぐかもしれない。本音を言えば、こう言うかもしれません。「とんでもない。私は光の子などではありません。私は醜い暗闇の子です。こんなに弱い者です。あなたの教えるように愛に生きることはできません。あなたは怒りの言葉を口にするな、と言われます。しかし、私の心中には怒りが燃え盛っています。これが私の本音です。愛しなさい、と教えられる。しかし、私には憎しみが満ちている。これが私の本音です」。パウロは、この言葉を聴く。聴きながらひざまずいて祈ります。神よ、あなたがあの本音に勝っていただきたい。あれは「本音」などと言って正当化できるようなものではありません。私もそれを知っています。本音などというのは、罪人の言い訳でしかありません。開き直りでしかありません。神はこの本音をお許しにはなりません。本音は醜いものだと開き直るところで本音に生きることをお許しにはならない。

パウロは本音にこだわる者を叱り飛ばすことはしません。ただその人びとのために、ひざまずいて祈るよりほかありません。本音にこだわって生きざるを得ないということは悲しいことであります。苦しいことであります。しかし、伝道者はその傍らにあって、一緒になってうずくまりながら、「神よ、あなたの本音が勝ってください」、そう祈らずにおれません。

「こういうわけで、わたしは御父の前にひざまずいて祈ります」。あなたは私どもの父、そしてあなたはその父であられるということから、「天と地にあるすべての家族がその名を与えられています」。ここはまたこうも訳されます。「天と地にあって父と呼ばれるもの、それらはすべてあなたが父であられるということのゆえに、そう呼ばれています」。この原文の意味は、正確に一義的に読み解くことはできません。さまざまな解釈がなされております。たとえば口語訳ではこうなっておりました。「父と呼ばれているあらゆるものの源なる父」。しかし、さらにそれ以前の文語訳では、明治訳以来、大正訳においても、あまり変わらないのでありまして、「天と地にある諸族の名の起こるところの父」となっておりました。ギリシア語をご紹介しますと、父というのは「パーテール」、そしてここで家族と訳されておりますのは「パトリア」という言葉であります。これを聞くと、たとえば「愛国心」というのは英語では「パトリオティズム」ということを思い出す方があるかもしれません。パーテール、つまり父と呼ばれる存在によって成り立つ共同体、たとえばここにあります家庭、さらに氏族、部族、ついには国家などもパトリアと呼ばれたのであります。

一九八三年に新約聖書の前田護郎訳というのが出ました。前田護郎先生は、今改めてその著作集が刊行され始めております、大変優れた新約学者で、東京大学で教授を務められました。そこでは「彼によって天と地のすべての族《やから》が名づけられています」とあります。注がついております。この注がおもしろいものでありまして、ヨハネの黙示録第三章五節を参照するようにというのであります。「神のところにその名が記されている」という黙示録の言葉です。神の手許に名簿があって、そこに名が記されている。天でも地でも、それぞれの共同体にありまして、父として敬われ、権威をもって支配しているすべての者の名が神のもとに記され、神に覚えられ、神の管理のもとに置かれているということであります。

改革者マルティーン・ルターは、新約聖書をドイツ語に訳しました。ギリシア語を言葉通りに訳すというよりも、その意味を汲んでドイツ語に移す、一種の意訳をいたしました。それでも初めは原文に近く、「天と地における父と呼ばれるすべてのものを支配される父」と訳しました。しかし、後にはおもしろいことに、「天と地にあって子と呼ばれるすべてのものを支配される父」と訳し直した。にはっきり意訳したのであります。要するに、天地いずれにおいても父と呼ばれるすべてのものが、神にとって子であります。父である神のもとにあってこそ父たり得る。こういう意味のことさえ言いました。およそ父と呼ばれるものは、この父なる神に対しては描かれた絵にすぎない。見せかけのもの、仮のものでしかない。しかも、聖霊が働いてくださらないと、それもよく分からない。われわれが知っている父の姿を神に当てはめて神を父と呼ぶのではない。神こそ本来の父なのである。その神のもとにあって、神のご支配に即して、その役割を果たすとき、初めて父と呼ばれるに値するものとなる。そして、そのまことの父である神によって、天にあっても地にあっても、父と子が造る共同体が初めていのちあるものとなるのであります。

パウロはローマの権力のもとに捕らえられておりました。ローマ皇帝の名によって捕らえられているのであります。「天と地にあって父と呼ばれるもの」と言ったとき、パウロは、ローマ皇帝のことを考えていたかとも思われます。皇帝もローマ国民の父であります。しかし、ローマ皇帝よ、あなたが父と呼ばれるのは、本当は神が父でいてくださるからではないか。あの神が父であられるように、あなたもわれわれの父とならなければならないのではないか。そう問うていると聴くこともできる言葉であります。まことの父である神は天にある。その神によってのみ、地上のすべての共同体の営みは、また代々にわたって真実の父のもとにある営みとなり得る。根源は神にある。いのちの根源は神にあるのであります。

その神に向かってパウロは祈り続ける。「どうか、御父が、その豊かな栄光に従い、その霊により、力をもってあなたがたの内なる人を強めて、信仰によってあなたがたの心の内にキリストを住まわせ、あなたがたを愛に根ざし、愛にしっかりと立つ者としてくださるように」。「内なる人」という言葉は、これに対する「外なる人」という言葉を想像することができますし、「外なる人」は、からだ、肉体を意味し、「内なる人」は、魂、精神であると理解することもできるようであります。しかし、そのような理解は、ここでは不十分だと多くの注解者は言います。いろいろな表現で説明されます。「内なる人」、それは洗礼を受けたひと、洗礼を受けた私ということだ、と言うひとがおります。洗礼を受け、今日もここに備えられている聖餐を受け続けているひとということであります。洗礼、聖餐を聖礼典、外国語でサクラメントと言いますが、そのサクラメントによって生かされ続けているひとを、「内なる人」と呼ぶのです。したがいまして、またあるひとは、パウロがコリントの信徒への手紙二第五章一七節で「新しく創造された者」と呼んでいるような存在を意味すると理解します。新しく生まれ変わった者という理解であります。だからまた、あるひとは言います。今、神と向かい合っているのは、まさにこの「内なる人」である。「内なる人」である私ども、それこそ神の本音と向かい合って、私どもの信仰の本音に生かされている私どもであります。偽ることができないのです。隠すことができないのです。

そしてここに現れ出てくる人間の本音は、まことに素晴らしいものであります。その本音が強められるように、とパウロは祈る。「信仰によってあなたがたの心の内にキリストを住まわせ、あなたがたを愛に根ざし、愛にしっかりと立つ者としてくださるように」。「内なる人」とは、その内にキリストに住んでいただいている人間である。信仰によって、それを受け入れている。「キリストの内住」というのは、日本のプロテスタントの信仰の歴史において重んじられてきた言葉であります。ここでそれが語られています。しかしそれは、私どもが主イエスをお迎えするというよりも、父である神が私どもの内にキリストを住まわせていてくださることです。パウロはそう言います。私どもがお迎えするより先に、キリストが先に私どもの内に住み込んでいてくださると言うのであります。そこでは、私どもが間違って理解している本音を、なお言い張る余地などはありません。本音はキリストでしかなくなっている。

だから、「あなたがたを愛に根ざし、愛にしっかりと立つ者としてくださるように」、そう祈るよりほかにありません。「根ざす」「しっかり立つ」というのは、ギリシア語ではいずれも似たような表現であります。根がなければしっかり立つことはできない。根を下ろしなさい。その根に支えられてしっかりと立ちなさい。そう命じているのではない。叱咤激励しているのではない。神がそうしてくださる、と祈る。ふらふらしている人間を叱り飛ばしているのではない。神があなたがたをしっかりと根付いて立つことができるようにしてくださることを求める。そのようにひざまずいて、今祈っているではないか。神は必ず、この祈りに答えてくださる。

「また、あなたがたがすべての聖なる者たちと共に、キリストの愛の広さ、長さ、高さ、深さがどれほどであるかを理解し、人の知識をはるかに超えるこの愛を知るようになり、……」。先日、すでにある説教のなかで、このパウロの言葉について言及したことがあります。そしてそこで、この愛の大きさは、外に立っていたら分からないだろうと言いました。なかに立つから広さが分かる。広さは外から見ても分かりません。なかに入って、「ああ、広いなあ」と思うのです。上を仰いで計ることができないほどの愛の高さを知り、下を覗き込んで、この深さはどこまであるか分からないことを知る。そこに長さが加わる。この長さは、あるひとは、時間的な長さかもしれないとも言いました。いつまでもこの愛の空間に居続けることができる。あるひとは、ここでキリストの愛の宇宙的な大きさが語られていると言いました。結局は計り知ることができないほどの大きさです。それがよく分かるようにさせてください。自分の愛ではありません。キリストの愛であります。エフェソの愛する教会員たちを、キリストの愛のなかに立たせて、その愛の大きさをよく分からせてやってください。

「そしてついには、神の満ちあふれる豊かさのすべてにあずかり、それによって満たされるように」。私どもの人間としての豊かさではありません。神の豊かさが私どもの豊かさに取って代わる。そのときに、本音も建前も吹っ飛んでしまいます。神に本音も建前もありません。本音しかありません。その本音の愛の豊かさが私どもの本音になる。

パウロはここまで「わたし」が祈る、「わたし」があなたがたのために祈る、と言ってきました。あなたがたのための神のみわざを祈り求める。そう言ってきて、二〇節に「わたしたち」と主語を変えます。「わたしたちの内に働く御力によって、わたしたちが求めたり、思ったりすることすべてを、はるかに超えてかなえることのおできになる方に……」。よく味わっていただきたい。パウロはここで自分の言葉の限界を感じたでありましょう。まだ言い足りない。まだ言い足りない。そのことを常に感じ取りつつ、求め、考え、精一杯語ってまいりました。しかし、ここに至って、あなたは、それらすべてを超えてかなえてくださる、実現してくださる、と言う。しかも、そのあなたの力は「わたしたちの内に」働いてくださる。エフェソの教会の人びとに語りかける。あなたがたの内に、この神の力が働いていてくださる。私どもの求め、思いを実現してくださる神の力が働く。これから語るのは、その神の力に生き抜くことでしかない。

「教会により、また、キリスト・イエスによって、栄光が世々限りなくありますように、アーメン」。一八節では、「すべての聖なる者たちと共に」とすでに語っておりました。先ほど私どもが告白した使徒信条で、「聖なる公同の教会、聖徒の交わり」と告白した、あの「聖徒」であります。教会は聖なる者たちが造る共同体であります。教会の仲間皆と一緒にキリストの愛のなかに立ち、教会の仲間たちと共に、この「わたしたち」のなかに、教会のなかに働く神の豊かな力の働きによって生かされる。そしてその教会の働きによって、神に栄光を帰することができる。神が神であられることが明らかになる。これが、エフェソの教会のすべての者たちが、すでに生きることを許されている、キリストの教会の姿であります。

昨日ここにまいりましたときに、事務室でひとつの文書を見せていただきました。この秋に、来年の春にこの教会の牧師になります川崎公平牧師が来られて、全体集会の指導をしてくださる。この教会の全体集会と言えば、いつでも牧師が講演をして、グループに分かれて話し合い、また皆で語り合ってというのが通例でありますが、今回はすっかり趣が異なる。準備をしておられる方たちは、いささか緊張し、もしかすると不安があるのかもしれません。今までしたことがないことをするからです。どうなることかと思っておられるかもしれませんが、黙想を学ぶという。

川崎牧師の提案によります。川崎牧師は私と一緒に説教塾という、説教者の同志との交わりのなかにありまして、常に黙想を学んでいる。この八月の下旬にも、また鎌倉の十二所の修道院で説教塾の仲間が集まり、学びをいたします。そこでまずやるのは、修道院ですから皆個室を与えられ、そこで黙想をする。与えられた聖書の言葉、自分が説教をする聖書の言葉の黙想をする。これは説教者にとって不可欠のことですから、何度でも黙想をする。しかし、私は、これは教会員の方たちがすべてからだで覚えるべきことであると思っております。そこで『黙想と祈りの手引き』という書物も書きました。また川﨑牧師が今牧師をしておられる松本東教会でも黙想の指導をしてまいりました。私が松本でしたことを、川﨑牧師がお返しに、ここでやろうということであります。松本東教会で恵まれた経験をしてきておられるからでしょう。

先日、松本の教会にまいりましたときには、マルコによる福音書第七章二四節以下の、シリア・フェニキアの女の信仰の物語と呼ばれる記事を共に読みました。自分の幼い娘が病んで、癒していただきたいとイエスを訪ねた。ユダヤ人ではない。ギリシア人でシリア・フェニキアの出身であった。イエスは断わられた。「まず、子供たちに十分食べさせなければならない。子供たちのパンを取って、小犬にやってはいけない」。子どもたち、つまりユダヤ人の救いのために専心しているので、ギリシア人のことなどかまってはいられない。そう理解できる言葉です。しかし、女はひるまなかった。言い返した。「主よ、しかし、食卓の下の小犬も、子供のパン屑はいただきます」。いわば主イエスの恵みをもぎとるようなことを言い放った。そして、主イエスはこの女の信仰を受け入れ、娘を癒してくださいました。そういう物語を読み、少し解説をして、あとは皆さん、それぞれに黙想をしてきてくださ い、と言って、二〇分であったか二五分であったか、好きなところに行って黙想をしてもらった。自分ひとりでひたすらみ言葉と向かい合い、み言葉に耳を傾けていただいて、また集まっていただいた。そして何を聴き取ったかを語り合いました。実に恵まれた語り合いの時を過ごしました。たとえばひとり、大変重い障害児を抱える女性がおられました。まだ少年でしたが、お母さんに負けない体格になっておりました。そして激しく動く。お母さんがもてあます。私もそのお母さんと子どもとの戦いぶりを端で見ておりまして、胸が痛くなるほどでした。その母親が、主イエスに食い下がる女の姿にこころ撃たれ、これを受け入れる主イエスの姿に感動して、私は考え方を変える、と言われました。私も主イエスの恵みをもぎとるための戦いをします、と言われたのであります。激しい言葉であったと私は記憶しております。初めてこのひとは、自分の深い悩みのなかで、主イエスの姿を仰ぎ見ることができた。主イエスの言葉を聴き、主イエスと向かい合い、主イエスの前にひざまずくことができました。そうして、愛のために戦う自分の姿と、正面から向かい合うことができたと思います。

この秋に、私の説教を分析、批判する会を東京でいたします。その準備に入っている信徒の方がメールで説教塾の仲間たちに、こんなことを書いています。加藤先生の説教は、聴いている者の姿を聴いている者に先立って見つけてくれている。これを「創造的発見」と言います。われわれの恩師であるボーレン教授が『説教学』という書物のなかで用いている表現です。それで説教塾ではよく用いるようになりました。「創造的発見」という言葉で私が訳したドイツ語は、通常「発明」と訳す言葉です。発明というのは何もないところに新しいものを造り出すことではありません。可能性が隠れている。それを見出して、その可能性を実現するのが発明です。それと同じように、説教を聴く方たちを神の恵みの光のなかに置いて、そこで見えてくる聴き手自身の姿、その本当の姿を見つけて語り出す。それが説教者の仕事だ。私だけの仕事ではない。説教者は誰もがそれをする。そして聴き手自身もそれをする。それが黙想であります。

パウロがすでにそれをしてくれています。しかも、パウロはただ説教をしているところではありません。祈っているところで、すでにそれをしています。エフェソの教会の人びとを神の恵みの光のなかに置いている。ひざまずいて祈りながら、自分のためには祈っていない。今は遠く離れている、エフェソで自分と同じように苦闘する教会の仲間のために祈る。その祈りのなかで見えてくる、父なる神の愛のなかにある教会を見続けている。神よ、神よ、あなたは父です。あのひとたちの父であられます。教会の仲間たちの父です。どうぞあのひとたちを強くしてください。あなたの愛のなかにどっぷりひたらせてください。しっかり立たせてください。

あるひとは、この「わたし」の祈りが「わたしたち」の祈りとなり、ひとつとなるのを聴きつつ、これは礼拝における祈りだと言いました。あるひとは、主の食卓にこそふさわしい祈りだと書きました。その通りだと思います。ただ今から、このパウロの祈りを支えていてくださる十字架の主イエスが見せていてくださる恵みのしるしである食卓にあずかります。パウロは「信仰を通して」と言うとき、いつも「十字架を通して」ということと同じことを語り続けたひとであります。今、十字架と甦りの主の招きを受けて食卓にあずかり、自分がこだわるつまらない本音などは捨てて、神の愛の本音のなかに立ち尽くしたい。そこで生き抜きたい。いや、すでにそこで生かされている神の恵みを感謝して受け入れたいと願う。祈りをいたします。

本音に、自分の真実にこだわると言い続けて、罪から抜け出すことができない私どもを憐れみ、すべてを砕いて、こころを砕いて、本音を砕いてください。ご自身の愛のなかに、恵みのなかに、その豊かさのなかに立つことができますように。いや、すでに立たされている自分を見出すこと

ができますように。主のみ名によって祈ります。アーメン

(2009.8.2)

第四章一―六節

歩みを造る神の招き

エゼキエル書第三章二五―二八節

そこで、主に結ばれて囚人となっているわたしはあなたがたに勧めます。神から招かれたのですから、その招きにふさわしく歩み、一切高ぶることなく、柔和で、寛容の心を持ちなさい。愛をもって互いに忍耐し、平和のきずなで結ばれて、霊による一致を保つように努めなさい。体は一つ、霊は一つです。それは、あなたがたが、一つの希望にあずかるようにと招かれているのと同じです。主は一人、信仰は一つ、洗礼は一つ、すべてのものの父である神は唯一であって、すべてのものの上にあり、すべてのものを通して働き、すべてのものの内におられます。

伝道者パウロがコリントに宛てた第二の手紙におきまして、しかもその冒頭に、深い祈りの言葉を記しています。説教者として皆さまへの祝福の言葉といたします。コリントの信徒への手紙二第一章二節以下であります。

わたしたちの父である神と主イエス・キリストからの恵みと平和が、あなたがたにあるように。
わたしたちの主イエス・キリストの父である神、慈愛に満ちた父、慰めを豊かにくださる神がほめたたえられますように。神は、あらゆる苦難に際してわたしたちを慰めてくださるので、わたしたちも神からいただくこの慰めによって、あらゆる苦難の中にある人々を慰めることができます。キリストの苦しみが満ちあふれてわたしたちにも及んでいるのと同じように、わたしたちの受ける慰めもキリストによって満ちあふれているからです。アーメン

私は、ほぼ一二年前、この教会を辞しましたとき、現役の牧師でなくなりました。ですから、厳密に申しますと、私のことを「加藤牧師」と呼ぶことはできません。少なくとも、私自身は「牧師」と名乗ることはありません。規則で言うと「日本基督教団隠退教師」というのです。少しも隠退していないではないかと言われます。それでは何をしているのか。集会であるいは書物で、私の肩書を必要とするひとは、私の求めに応じて、「神学者　加藤常昭」と書いてくださいます。しかし、私が頼まなくても付け加える方がいる。「説教塾主宰」というのです。

説教塾というのは、もう二二年前、一九八七年、私がドイツでひと仕事終えて帰ってきてから作ったものでありまして、今、全国各地で説教に労苦している牧師仲間が集まって、共同の自主的な研修をしている集団です。沖縄から北海道まで一四のグループが形成されており、また東京神学大学の学生諸君のなかにも、説教塾の交わりがあります。メンバーとして正式に登録したひとの数が二〇〇名を超えました。属している教派は二〇を超えています。今週の末にも北海道に行きまして、来週は札幌で、北海道説教塾の学びがあります。先週は、月曜日から木曜日まで、この先の朝比奈峠の近く、十二所にあるイエズス会日本殉教者修道院に二七名の者が、ここの落合伝道師も加わりまし

て、合宿をいたしまして、ひとつのみ言葉をどのように説教をするか、毎日毎日こつこつ学びました。金曜日にはここにまいりまして、そのなかで選ばれたふたりの説教者がここに立ちまして、実際に説教をして、その席に座った他の仲間たちが聴いて、下のホールに集まって批評会をし、昼食をして、再会を誓って解散をいたしました。

来年の春からこの教会の牧師として就任をいたします川崎公平牧師、また恵牧師は、学生として私に学んだ教え子ではありませんけれども、大学を出てからこの説教塾の交わりに加わりまして、すでに数年、親しく学んできた仲間であります。昨年、突然、東野牧師夫妻が退きました。この東野、特にひかり先生も説教塾のメンバーでしたが、このおふたりが辞めることになって、途方に暮れた長老会から相談を受けましたとき、私は躊躇うことなく、説教塾で、その説教をよく聴いて知っている川﨑夫妻を推薦いたしました。まだ年は若いけれども、皆さまに信頼して説教者として迎えていただける方たちであると確信を持っての推薦であります。ふたりとも説教塾で学び続けると思いますが、皆さまにもこういう牧師たちの本当に真剣な友情を深めつつ重ねている学びの群れがあることをこころに覚えて、助けていただきたいと思っております。

そこで、常に問うことは、説教をするということはどういうことかということです。ここにおられる皆さまにとって、説教を毎日曜日に聴く、それが中心になる礼拝をするということは、どういうことか。これはいつも新しく問わなければならないことです。いろいろな捉え方がありますが、今回、エフェソの信徒への手紙第四章一節以下を学んでいるときに、キリスト教会において説教の務めがいかに大切かということを、改めて明らかにわきまえさせていただきました。

説教によって教会を新しくしなければならなかった改革者ルターが、この箇所について説教をしたものを読みました。何篇か残されているのです。そのなかで、ルターが説教は何のために必要なのか、なぜ神が説教というものをお定めになったのかということを、改めて問うております。

それは一節の「主に結ばれて囚人となっているわたしはあなたがたに勧めます」という言葉を説きながらのことです。「勧める」というのは、ルターの理解では、「説教をする」と言い換えて間違いないことだという思いがあるからであります。パウロは、このとき、囚人になっている。ルターは、ローマにおいて獄中にあったと推測をしていたようですけれども、遠くローマにいて、パウロは、なぜ、この手紙を書いたのか。実際に訪ねて口で説教をするわけにいかない。それで文章を書き送って、書いた言葉によって、しかし、それでも説教をしなければならない。そう思った。なぜかと問いまして、ルターは、こんなことを言いました。

われわれの皮膚――もちろん肉体の皮膚ではなくて、魂の皮膚とも言うべきものですが――のなかに「ユンカー・アダム」が巣食っている。「ユンカー」というドイツ語は、ドイツ語の歴史を学ばれたときに聴いたことがあるかなと思われるかもしれません。土地を持っている貴族のことだと説明をしたりいたしますが、要するに、もっと砕けて言うと「豪族」と言うべきものですね。なかなかの実力者たちです。そういう豪族、土地の豪族に似たアダム。アダムというのは、神さまに造られた最初の人間ですけれども、最初に、もう罪を犯してしまって、そのために、皆人間がアダムの血をひいて、罪人であり続けると理解するところから、アダムというのは罪の人間であるという意味もあります。

私どもは洗礼を受けて、キリストの血によって洗われて救われている者でありますけれども、しかし、ルターは考える。われわれの魂の、こころのひだに食い込むように罪がまだ残っている。この「ユンカー・アダム」をサタンとも言い換えています。悪魔です。悪魔がわれわれのこころのひだに食い込んでいて、何をしているのかというと、悪いことをそそのかすなどということを言っていないのです。われわれを安心させる、と言っているのです。ルターは、いつも、そのように理解していました。こんなふうにも言うわけです。われわれはいろいろなものに保険をかける。火災保険であるとか、ルターは知らないでしょうけれども地震保険だとか、いろいろな保険をかける。近頃は、そういう設備のあるところは、私の家も留守にすることが多いので、そうしていますけれども、出かけるときに、ちょっと機械を操作すると、「留守は○○がお守りいたします。安心してお出かけください」と答える。われわれはつい、「行ってきます」と機械に返事して出かける。そんなふうに信仰も保険のひとつだと考えてしまうひとがある。洗礼を受けた、もう安全だ。キリスト者になった、もう安全だ。信仰というのは安心することだと思い込んでいる。安心して、そのあと、何にもしない。信仰は、しかしそのようなものとは違う。ルターはそう言うのです。

だから、説教を聴かせていただかなければならない。その説教は何を語るのかというと、われわれに歩くことを勧める。安心して座り込むのではなくて、こつこつ歩くことを勧める。そのときに、あなたがたは神に招かれているのだから、その招きにふさわしい歩き方をしなさい、と勧める。それをいつも思い起こさせてくれる。あなたがたは招かれている。もともとの言葉は「呼ばれる」という意味です。神さまに呼ばれている。神さまに呼ばれている人間として歩む、ということです。

多くの日本語の翻訳は、「召し」、神のお召し、という意味で訳しています。私が子どもの頃に学んだ文語訳ですと、「召された召しにふさわしく歩み」という言葉でした。呼ばれている。神さまに呼ばれているように歩むのだというのです。この神のお召しとは何か。四節には、こんなふうに記されています。「あなたがたが、一つの希望にあずかるようにと招かれている」。原文はギリシア語ですが、もっと原文に即した訳し方をすると、神の招き、あるいは召しに根ざす「希望」です。あなたがたは、希望に向かって招かれているのだ、と言う。だから、召されて生きていくときには、希望を持った歩みをする。希望に向かって歩むということです。

そこで、思い出す方があるかもしれませんが、私がここにまいりましてエフェソの信徒への手紙を説き始めた頃、第一章一八節に、この聖書の言葉を、説教の題にした覚えもありますが、こういう言葉が記されておりました。「心の目を開いてくださるように。そして、神の招きによってどのような希望が与えられているか、聖なる者たちの受け継ぐものがどれほど豊かな栄光に輝いているか悟らせてくださるように」。祈りが記されています。私どものこころの目が閉じさせられてしまうことがある。それでは困るので、開かれた目が何を見ているかというと、神の招き、神のお召しによって、どんな素晴らしい希望が与えられているか、それを見失ってはいけない。悪魔、罪のアダムは、その希望を消すのです。

それでまた思い起こしますのは、このパウロが、この第二章の一二節ではこんなふうにも言うのです。「また、そのころはキリストとかかわりなく、イスラエルの民に属さず、約束を含む契約と関係なく、この世の中で希望を持たず、神を知らずに生きていました」。私どもは、神が与えてくださる希望を知らないで生きている。小さな希望はいろいろあったかもしれませんけれども、神が教えてくださっている希望を見出すことができていなかったのに、今は、希望に向かって召されているのだ、と。その希望を見失わないように、ということであります。信じるということは、信仰に生きるということは、自分は、今、神さまに呼ばれ、神さまに召されて生きているということであります。
　こういう言葉を読みますと、私が思い起こす、ひとつの詩があります。私も大変親しくさせていただいたし、この教会も親しい思いで何度かお迎えしたことがあります、二分脊椎という重い障害を負っておられた島崎光正先生であります。残念ながら、亡くなられてから何年も経ちましたが、この先生が、たしか四番目の詩集になるかと思いますが、『柊の花』と題してお出しになりまして、そのなかで、「坂に向かって」という詩を読ませてくださっています。明らかに、同じ障害を持っておられて、車椅子でないと移動できない仲間と一緒に坂道を上がっていくときの歌です。しかも、向こうから風が吹いているのです。いよいよ大変です。私も、ここを辞任しましてから、何度も車椅子で過ごしたことがあります。病院のなかを車椅子で行ったり来たりしました。滑らかな病院の床を動かすだけでも大変ですけれども、ちょっと段差があると、誰かが助けてくれないと身動きができなかったりします。その車椅子で、障害のある方が、坂を登って行くのです。

　車いすのスポークは朝の光に濡れながら、
　いま坂を登ってゆく

そう歌い始めて、かなり長い詩が続きまして、そのなかに、こういう言葉があります。

友よ　さらに
風に向って、道を辿ろう
遅い一歩一歩は
前進への確証
招きへの応答
存在は声だ

私はこの詩を初めて読んだときに、この「招きへの応答／存在は声だ」という言葉をすぐに覚えました。「遅い一歩一歩」。風に逆らって坂道を登っていくのは、まさに、遅い一歩一歩でしょう。うっかりするともとに戻ってしまう。それでも、懲りずに励まし合って登っていく。それが、前進になる。その前進というのは、招きに応え続けるということだ。そして、存在は声だ。お互いにときどき励ますかもしれないけれども、むしろ、黙って一所懸命車椅子を漕ぐだけかもしれない。しかし、存在そのものは、神の招きに応える声になっていると、そう言うのです。私はよく、私自身が、神に呼ばれている、神さまに招かれている、そのお召しにふさわしく生きるのだと思うときに、良い意味で島崎さんに負けちゃいけないと、そう思います。

神の招きが存在を造っている。その存在そのものが、いつも神さまにお応えする声を出している。その声を出すことが、嬉しくて仕方がない。おそらく、疲れも痛みも忘れるのかもしれません。島崎さんという方は、ときどき母の胎内にあるときに、今だと医学的にすぐ見つかる障害であって、もしかすると、親たちが生まれることを望まなかった障害であったかもしれない、ということを言われました。しかし、その重い障害を負いながら、とても明るく積極的に生きたひとです。それは、お会いになった方の誰もがすぐに悟ることです。このひとのエネルギーはどこから来るのか。神のお召しです。神のお召しに応える喜びです。ルターは、その神の招きの声を何度も聴かせてくれるのは、礼拝に来ると聴く説教者の声だと言うのです。説教者も召された者ですから、説教者も存在そのものから生まれてくる言葉を語るのであります。

ただ、ここですぐに気が付くことである。それは、そのお召しにふさわしく歩む歩みとは何かということを二節以下に語り始めたときに、こう語っていることです。「一切高ぶることなく、柔和で、寛容の心を持ちなさい。愛をもって互いに忍耐し、平和のきずなで結ばれて、霊による一致を保つように努めなさい。体は一つ、霊は一つです」。

召される。ときどき、神のお召しは一人ひとりのことだと考えることがあるし、それも大事だろうと思います。しかし、こんなことを考えてくださるとよいと思います。私は牧師として生きた者です。よく教会のひとつの表現に、牧師になることを「神のお召しを受ける」と言います。「私は神の召命を受けた者だ」と言います。私は必要があって、そう言ったことがあるかもしれませんけれども、基本的には、私が特別な召命を受けたという表現を使ったことはありません。特に、教会の皆さんのなかで、私はお召しを受けていると言ったことはないのです。なぜかというと、皆さんもそれぞれお召しを受けているからです。召命というのは牧師に限ることではないのです。ただ、こういうふうに若いひとたちに言ったことはあります。あなたが会社や学校で働くときに、牧師に召されないで、牧師にならないで、この務めに就いている。ひとりの女性が結婚して母親になることだってそうです。私は教会で働く女性牧師にはならないけれども、この家庭で妻として母として召されている。皆、召されている。しかしここでは、ただそのお召しを皆それぞれが受けているけれども働きが違いますね、というのではないのです。

たとえば、「一切高ぶることなく」とあります。この「一切高ぶることなく」というのは、新共同訳における新しい試みです。とても良い訳だと思います。ここは多くの場合、外国語でもそうですけれども、謙遜で、柔和で、と続くように訳すのです。聖書の言葉を知っているひとたちが、ここについて解説をしてくれているときに、ほぼ異口同音にと言ってよいでしょう、こう説きます。ここで用いられているのは、ギリシア語なのです。ギリシア人が普通に用いているギリシア語を用いて、聖書の言葉のもとになっている伝道者の言葉が語り始められたのです。一般のギリシア語の世界においては、あるいは、ギリシア・ローマの世界というひともおりますけれども、この「一切高ぶることなく謙遜に」という言葉のもとの言葉は、良い言葉ではなかったというのです。自分を重んじることなく、自分を卑しめている。とんでもないことだ、と言うのです。奴隷根性だと言うのです。人びとの前で自分を卑しめる。誇り高いギリシア人には本当に考えられないことだったのかもしれません。自由に生きるひとのやることではなかったのかもしれません。

けれども、しかし、同時に、聖書の学者たちは言います。これはすでに、ユダヤの、旧約聖書の時代からそうだと言うのですけれども、聖書の世界では違う、と。謙遜というのはとても大切なことになった。特に、キリスト教会においては、たとえばフィリピの信徒への手紙第二章を読みますと、「キリスト賛歌」というのがあります。パウロはフィリピの教会のひとたちに、お互いに高ぶらないで、低いこころで謙遜に仕え合わなければならない、へりくだって仕え合わなければならないと言ったときに、イエス・キリストがそうなさったではないかと言う。イエス・キリストがへりくだって僕の姿をおとりになった。そこに救いが始まった。われわれは、イエス・キリストが本当に低く低く僕の姿になって、私どもに仕え、神に仕えてくださったから、私もそのキリストの恵みによって、あなたもキリストの恵みによって召されたではないか。私どものお召しの根本にはキリストのへりくだりがある。へりくだるということは、そこでは全く違う響きを立てる。だから、「一切高ぶることなく」というのはとても良い訳ですけれども、柔和も寛容も、お互いを受け入れ合うこころであります。

ついでに申しますと、「招く」とか「召す」とか「呼ぶ」と訳されている言葉は、「カレオー」というギリシア語です。ちょっとギリシア語の紹介をしますと、それに「エック」という前置詞をつけます。「エック」というのは「～から」というふうなことですけれども、「エック・カレオー」というと、「～から呼び出す」となる。この言葉から「エクレシア」という言葉が生まれました。「呼び出されて集められた者たち」「呼び集められた者たちの集団」ということであります。これはもともとギリシアの世界で使われていました。ギリシアのひとたちは民主的に自分たちの町の政治を執り行う。そうすると何をするかというと、議会が召集される。呼び出されてくるのです。呼び出されて造るのが「エクレシア」、議会です。それが、ヘブライ語のある、それに相応する言葉の翻訳語として使われて、今日では「教会」と訳す。教会というのは呼び集められた者たちのことです。教会は建物のことではない。今日、この礼拝後、ひとつの集まりをします。協議会をします。これもひとつの「エクレシア」の現れであります。召されるというのは、一人ひとりのことだけれども、ばらばらではない。ひとつに召されるのです。

ひとつ別のお話をいたしますと、私の友人にベルナール・レモンというひとがおられます。その先生とお話をしていたときに、「レモンってどんな発音するの？」「あなたは果物のレモンを知っているでしょう。そのレモンと同じだ」と言って笑った。一九九五年にベルリンで国際説教学会というのがありました。そこにこのレモン先生が初めて現れた。ローザンヌ大学の実践神学の教授でした。私よりも大柄で背の高い、何というか、私が及びもつかないおしゃれですね。そのひとと並ぶのが嫌だと思うぐらいおしゃれで、すてきな紳士です。すてきな口ひげを生やしている。近頃の言葉で言うと、まさしく「イケメン」で、だれもがほれぼれするような顔です。何よりも目立ったのは、誰かが講演をしても、討論をしても、よく発言をしたのです。ぱっと手を挙げて、本来はフランス語圏のひとですけれども、ドイツ語も流暢で、ハイデルベルクで勉強したひとで、はっきり疑問があると質問をし、意見を述べる。おかげでベルリンの会議は大変活発でした。何となく、私と隣り合わせで座って、よくしゃべるなと思いながら見ると、私にウィンクするのです。私は実は、片目をつぶるウィンクができないのです。子どもの頃からできないので、ウィンクで応えることができないのですけれども、にこにことウィンクをしてくれます。とても仲良くなった。九七年、続いて京都で、私が議長になりまして会議をした。そのときにもレモンさんが来られた。すでにベルリンで聞いたのは、今はもう説教よりも、教会堂建築について関心があるということでした。建築を含む教会の芸術・美術について勉強をしていると言いました。京都に来られたので、東京まで学会の前に引っ張ってきました。東京のある教会堂を借りて、教会堂建築について講演をしていただきました。このときはフランス語でした。東京大学、その他、大学の建築関係の方が多かったと思います。比較的、専門家の方たちが集まって、内容の濃い勉強会をしました。講演の終わり近くになって、自分の教会堂理論を述べながら、私の理論に従って、この教会の礼拝堂のなかの仕組みを変えるから、皆さん、立ってくださいと言われた。そこの教会堂は、牧師が一方に立って、片一方にベンチが並んでという、よく皆さんが体験する、一番多い教会堂のしつらえ方です。皆立たせて、長椅子を動かして、牧師の立つところを造り、聖餐卓を造り、それを三方から囲む形にいたしました。これが本当だと。私は「ああ、そうか」と思って、「レモンさん、明日空いているか」と聞きました。「明日空いているんだ。ちょっと東京の観光をしたい」と言うから、「東京にいる必要はない。鎌倉に行こう」と言って、連れてきちゃった。ギャラリーに上がって、ここを見まして、目の玉を大きく開けて「おお!」と言って、しばらくじっと見ておられました。それから写真を撮りまくった。学会が終わってスイスに帰ってから、メールが入りました。鎌倉の教会堂に大変感心した。夏にヨーロッパのキリスト教美術の大会がある。私はそこで教会堂建築の話をするつもりだったけれども、予定を変更して、鎌倉の教会堂の話だけをすることにした。ところが写真が写っていない。大変困っている。そう言うので、私はすぐにこの教会に連絡を取って、たしか田口寧長老が苦労してくださったのだと思いますが、写真を送ってくださったので、すぐに送りました。とても喜ばれました。京都での学会の前の年、九六年に『宗教改革の教会建築』という本をフランスでお出しになって、京都に来られたときに、それを持ってきてくださった。私に一冊くださった。私はフランス語は読めないのですけれども、意味は多少読み取れる。読んでびっくりした。とてもおもしろい。それで、紆余曲折がありましたけれども、京都大学の先生が丁寧に訳してくださいまして、教文館から『プロテスタントの宗教建築』という題で出版されました。ここの図書室にもありますけれども、どうも、出版されてからは一〇年は経っていないかもしれませんけれども、この教会で読んだ方はただひとりだそうです。おもしろいです。ちょっと読みにくいと思いますが、とてもおもしろい教会堂論を書いておられます。

日本語訳のためのあとがきを書かれた。そこで、またこの教会堂のことを付け加えられた。日本の独特の建築の伝統を生かしながら、自分が考えている、これこそキリストの教会と思っている教会堂を見事に造った。これから教会堂を建てようと思うひとは、ここの教会堂を見てからにしたほうがよろしい、とまで書いてある。特におもしろいのは、「改革派の内陣四角形」という用語を使っておられるところです。ご自分も改革派の信仰に生きておられる方です。内陣というのは神社などにも使う言葉です。仏閣にも使う言葉ですけれども、たとえば、神社で、本殿のことを内陣と言いますけれども、本殿には信者は入れません。信者が入れるのは拝殿までです。それと同じようにキリスト教会にも、内陣・外陣の区別ができた。聖職者・牧師しか入れない聖なる空間ができて、信徒はその外にいなければならない。けれども、それは、本来のすべてのキリスト者が召されて造っている教会というものを考えたときに、一人ひとりが神の宮である教会を造っているということを考えたときに、間違っている。皆内陣に入ってこなければならない。プロテスタント教会でも、牧師しか入れない場所を造ったり、教会でそういうところに入るときには、スリッパも脱がなければならないという教会堂が今でもあります。レモンさんは、それはおかしいと言っている。それから、四角形をこういう席で造る。その四角形のなかで、信徒と牧師が向かい合っているのはおかしい。とてもおもしろい言葉がありまして、こういうときに円形を描くこともできますけれども、四角形がいい、とレモンさんは言われる。「直角」という言葉を使うのです。その本のなかに「居酒屋」という言葉が出てきます。「ビストロ」という言葉です。漫画がひとつ出てきます。居酒屋でふたりの男が酒を飲んでいるのですけれども、居酒屋で酒を飲むときに、親しい仲間は向かい合わせに座っては飲まないというのです。直角に座る。丸いテーブルでも直角に立ったり座ったりして、それが一番お互いに親しく話ができるのだと言って、教会の信徒の席も直角でなければならないと言っているのです。直角に見ることができる。お互いの顔が見られるのです。ひとりで礼拝をしているのではないのです。皆で礼拝をしていることがよく分かる。

エバーハルト・ブッシュという非常に優れた神学者がここに来られた。ゲッティンゲンの改革派の先生です。ゲッティンゲンの改革派の教会の礼拝堂もこうなっているそうですけれども、嫌がるそうです。特に、遅れて来たりすると、じろっと見られたりする。あまり評判がよくない。でも、ここに来て「そうじゃないね」と言って帰られました。「皆の顔が見られるというのはすてきですね」。

レモンさんはここに来て、とてもそれに感動したのです。皆が顔を見ながら、皆が等しく神に召された者として、神のお召しに応えて声を出すことができる。われわれの存在が声になっている。それが礼拝なのだと、そう言うのです。

礼拝に出て、声に出す、と言いました。大変興味がありますことに、四節に「体は一つ、霊は一つです」と語り出しますが、これは、ギリシア語の文章では破格の文章でありまして、「ひとつのからだ、ひとつの霊」と言葉が連なっているだけなのです。五節も典型的で「ひとりの主、ひとつの信仰、ひとつの洗礼」。そこでまた聖書の注解者たちは、このきびきびとしたものの言い方は、実際に礼拝で、これを皆が叫んだからだと言います。竹森先生は「呼ぶ」というふうにも言っておられますけれども、実際にこれを礼拝の席で口にしたのではないか。皆ここに集まりまして、「ひとりの主、ひとつの信仰、ひとつの洗礼」、そう叫ぶ。存在が声になったとき、そうなるのです。あるいはまた、ここに「洗礼」という言葉が出てくることから、洗礼を受けるときに、洗礼の告白であったのかもしれない。この次の日曜日、洗礼入会式がありますけれども、洗礼を受けるひとの告白の言葉に、「ひとりの主を信じる。ひとつの信仰に生きる。ひとつの洗礼を受ける」と言うことを求められたのではないだろうか、という推測をするひともあります。ばらばらではないのです。そのひとつの信仰を信じるというなかで、「高ぶることなく、柔和で、寛容の心を持つ。愛をもって互いに忍耐」をする。二節です。忍耐しないと受け入れられないと言うのです。

長い説明を省いてひとつの例を申しますと、もう何年も前になりますけれども、あるキリスト教学校の夏の修養会に招かれて行ったことがあります。女子の高校です。泊りがけです。行くときは、バスで一緒でした。指導の先生や生徒たちと一緒にバスでおしゃべりをしたときに、何気なく聞いたのです。「今夜、皆一緒に泊まるんだよね？」。皆ばらばらの部屋に泊まる。しかし、一部屋に何人か一緒に入る。「部屋割りはどうやって決めたの？」。生徒は嬉しそうな顔をして、「私たちが決めました。仲良し同士で部屋に入ることにしました」と答えた。私は黙って聞いていましたけれども、その後の講演で、それを取り上げた。「おかしくありませんか。それは聖書の言葉を聴いているひとにふさわしい部屋の作り方ですか。こういう機会にいつも仲良しでないひとと一緒に部屋に入って、お互いに知り合う。そういう機会になぜできないのか。たぶん、皆が好きな者同士というと、人気者のところに集まって、賑やかになる。そのとき、『あんたは駄目』なんて退けられる経験をするひともあるし、誰も声をかけてくれないひともいたかもしれない。私は、この部屋割りをしたときに、ある悲しい出来事が起こったのではないかと推測する。はじかれたひとがあるのではないか。はじいた心覚えがないか」。この私の問題提起は、はなはだ評判が悪かった。あとで先生にも言われました。「せっかく決まっているところで、余計なことをおっしゃらないでください」。生徒のなかにも手を挙げて、「なぜ、これが悪いのか」と質問をした子もいる。私は「今すぐには分からないかもしれない。それは悲しいことだ。よく考えてください」と答えた。一晩泊まりでした。翌日、私は、今度は生徒たちとは別に帰ることにしていましたので、生徒たちを見送るので、出口のところに残っていた。そうしたら、ばらばらと、バスに乗るために階段を降りてきた生徒たちのなかで、何人かがすぐに私のところに駆け寄ってきたかと思うと、わっと黒山のひとだかりになった。先に駆け寄ってきた女の子が言いました。「先生、ごめんなさい。私は、昨日、先生がおっしゃったことが分からなかった。けれども、今はよく分かる。いじめってこういうことから起こるんですよね」。泣きました。「考え方を変える」。そうしたら、次々と子どもたちが来て、「先生の言われることは正しかった。私たちは、聖書が言っている愛とは何かということを知らなかったのだということがよく分かった」。そこでかたまりができたものですから、先生が慌てて飛んできて、「バスが出るから、先生に申し訳ないけれども、先生にさよならをして、こっちへ来なさい」と言われました。あれからずいぶん経っているので、あの子たちがどうしているかな、あの学校の部屋割りは、その後どうなったかなと、ふっと思うことがあります。

これは、しかし、われわれ大人もやることです。ここに来ても、すぐに仲良しができると、仲良しだけで、礼拝後の食事もする。ひとりぽつんと食事をするひとがいても知らない。気づかない。そばに行って、一緒に食べましょう、という配慮はしない。しかし、皆ひとつに召されている。ルターは言いました。今度はドイツ語の話をしますけれども、この「呼ぶ」というのは「ベルーフェン」という言葉で、「呼ばれて務めに就く」というときに、その「務め」に「ベルーフ」というドイツ語を使います。これもどこかで聞いたことがおありになると思います。おもしろいことに、ドイツ語では、「召命」という、「お召しを受けて、使命を受ける」という意味と同時に、「職業」という意味を持っています。もしかすると、これは、世俗的な語源があって、呼んでくれなければ仕事に就けないのですから、仕事を与えるひとがいて、「一緒に働いてくれないか」と呼ばれて職に就く。職業というのは呼ばれるということから始まったかもしれませんけれども、ルターは世俗の職業も、妻の務めも、みな「ベルーフ」だと言いました。この世俗の世界における「ベルーフ」は皆さまざまですけれども、同時にもうひとつ大事な「ベルーフ」「お召し」があった。これは、王であろうと、物乞いしなければ生きていかれない男であろうと、同じだ。皆、同じ神のお召しを受けて、ひとつの教会を造っている。それが、われわれが共に生きていくときの根幹だ。

「主は一人、信仰は一つ、洗礼は一つ」。五節です。皆、同じ洗礼を受けている。王が受ける洗礼と、物乞いが受ける洗礼とは違うなんて、馬鹿なことはない。もちろん、ドイツの教会も後に間違いを犯しました。ドイツの教会のお葬式の歴史を読んでいて恐ろしい気がしました。村長が死んだら鐘がいくつ、貧しい農民が死んだら鐘がいくつと、そのひとの身分と財産の額で、お葬式のときの鐘の鳴らし方が違ったそうです。もってのほかです。誰が死のうが、同じ鐘の数であるはずです。当然のことだと思います。私どもは、ここで、同じ説教を聴いている。同じ恵みを受けている。

そして、この手紙は申します。「すべてのものの父である神は唯一であって、すべてのものの上にあり、すべてのものを通して働き、すべてのものの内におられます」。実は、この六節も、丁寧な説き明かしが必要なのです。なぜかと申しますと、日本語では「もの」と平仮名で書いておりますから、この「もの」というのに何を当てはめるかで理解が違います。物質・事物を表す「物」という字を当てた場合と、もうひとつ人間を表す「者」という言葉を当てはめた場合とでは、意味が違ってきます。「すべての人の父である神が、すべての人の上にあり、すべての人を通して働き、すべての人の内におられる」。これもひとつの理解です。特にこれは教会の姿を示すと言うひとまでいます。教会というのは、教会を造っているひとのなかに神がおられるということです。けれども、そのように教会に限定する必要ない。この世に生きているすべてのひとのことを考えてもいいと言うひともあります。さらには、「すべてのもの」というのは、事物、人間、生物全部を含むと考えるひともあります。そうすると、一木一草に至るまで神が宿っている、神道のような、いわゆる「汎神論」と呼ばれる考え方に連なるのではないかという議論まであります。ですから、このところを説き始めたら、もうひとつ説教をしなければならなくなるかもしれません。今はそのような議論めいた話はよします。

あるひとが、ここでこんなふうに言いました。神が、すべてのひとに働いておられるという。これはたしかに大きな広がりを持っていることかもしれないが、それを、われわれが知るのはどこにおいてかというと、それは教会においてだ。教会のためにしてくださっている神の心配りが分かったときだ、と。教会に生きている自分が、どんなに小さく貧しい者であっても、教会のなかで目立った働きをしているひとや世間的に言っても立派だと思われるひとに対する配慮と、私に対する神さまの配慮は少しも違いはない。誰のためにも同じ恵みを注ぐために、キリストがへりくだって、赦しの恵みを与えてくださり、お甦りになって、いのちの恵みを与えてくださり、お葬式に、その違いがあるなんてことは全くないようにしてくださっている。そのことがよく分かったときに、すべてのもののなかにも神が働いていてくださるということを正しく理解できるようになるだろう、と申しました。

このエフェソの信徒への手紙を、いろいろなひとが注釈を付け加えておりますけれども、そのなかでも大変優れたものに、マルクース・バルトという先生が書いたエフェソの信徒への手紙の注解があります。これは二冊に分かれているものであります。実は昨日、ここで勉強するために持ってきたときに、二冊に分かれていて、ちょうど、第四章から第二巻になるのをうっかり忘れていまして、第三章まで読んでいたものですから、第一巻のほうを持って来て慌てましたら、落合先生が偉いもので、第二巻を持っておられまして、すぐそこで借りまして読みました。このマルクース・バルト先生はここに一度来られました。亡くなる直前であります。日本からお帰りになって間もなく亡くなりました。日本滞在の最後をここで過ごされました。ここですでに心臓の発作が起きて倒れたのです。お帰りになりましてから、お葉書をいただきました。ぶるぶると震える手で、小さな文字で、言いたいことだけをお書きになった。その言いたいことはこうです。「あなたのところで本当のエクレシアに出会った」。きちんとギリシア語で書いておられる。「あなたのところで本当のエクレシアに出会った。ありがとう」。これは私にとってのバルト先生の遺言であります。だから、エクレシアのことを書いてあるエフェソの信徒への手紙については、本当にこころを尽くして書いておられます。ここのところについても、何ページも書いておられますけれども、そのなかで、こう言っておられる。ここには、命令の文章がたくさん出てくる。「歩みなさい」「持ちなさい」「努めなさい」。しかし、パウロの命令の言葉はすべて、ただちに福音の説教である。どの命令の言葉にも、キリストの福音が聴こえてくると、書いておられます。その通りだと思います。そして、神のお召しにふさわしく生きる私どもの歩みの一歩一歩の放つ声もまた、その福音に応えるものになるのだと思います。

歩み方はさまざまです。たとえば、私と妻は五十何年一緒に歩いてきました。さゆりは、昔は元気がよかった。すたすた歩いていて、ときどき、私を置いてきぼりにしました。「のろいわね」なんてことをよく言われました。近頃は、私と一緒によたよた歩いている。「また追い抜かれた」

と言ってつぶやきます。歩き方は一生の間に変わるかもしれません。しかし、立てている響きは変わりません。私どもの、いのちの希望に向かって、神が召してくださった道を、もしかすると生涯の終わりに車椅子に乗るかもしれませんが、喜びの声を挙げて歩む。なぜかといえば、神のお召しの声は、福音の声だからです。救いの喜びを伝える言葉だからです。どうぞ、この祝福のなかで、変わることなく、召しにふさわしい歩みを、ご一緒に歩み続けていただきたい。祈りをいたします。

変わらぬあなたの恵みを数えることができました。聖書が、恵みを数える言葉を口移しするように教えてくれるからです。こころから感謝です。この礼拝のあとでも、それぞれの地区における共にひとつに召しにふさわしい歩みを造る生活を語り合います。その時もまた、祝福されますように。ここに来ることができていない仲間たちが、まことに多く、私どもの周囲にあることを思います。悩みのなかにある者も、もう一緒に歩くことができないと思っている者も、私どもの仲間とし続けることができますように。皆、あなたに呼ばれています。こころから感謝いたします。主のみ名によって祈ります。アーメン

（2009.8.30）

第四章七―一六節

あなたがたはもはや未熟ではない

エレミヤ書第三一章七―一四節

しかし、わたしたち一人一人に、キリストの賜物のはかりに従って、恵みが与えられています。そこで、

「高い所に昇るとき、捕らわれ人を連れて行き、
人々に賜物を分け与えられた」

と言われています。

「昇った」というのですから、低い所、地上に降りておられたのではないでしょうか。この降りて来られた方が、すべてのものを満たすために、もろもろの天よりも更に高く昇られたのです。そして、ある人を使徒、ある人を預言者、ある人を福音宣教者、ある人を牧者、教師とされたのです。こうして、聖なる者たちは奉仕の業に適した者とされ、キリストの体を造り上げてゆき、ついには、わたしたちは皆、神の子に対する信仰と知識において一つのものとなり、成熟した人間になり、キリストの満ちあふれる豊かさになるまで成長するのです。こうして、わたしたちは、もはや未熟な者ではなくなり、人々を誤りに導こうとする悪賢い人間の、風のように変わりやすい教えに、もてあそばれたり、引き回されたりすることなく、むしろ、愛に根ざして真理を語り、

あらゆる面で、頭であるキリストに向かって成長していきます。キリストにより、体全体は、あらゆる節々が補い合うことによってしっかり組み合わされ、結び合わされて、おのおのの部分は分に応じて働いて体を成長させ、自ら愛によって造り上げられてゆくのです。

私がこの場所に立ちますときは、エフェソの信徒への手紙を、その日に与えられたみ言葉として共に聴いております。そのエフェソの信徒への手紙は、最後にこのような祝福を告げております。今朝は、これを改めて説教者である私から皆さまへの祝福の言葉として朗読いたします。第六章二三節、二四節であります。

平和と、信仰を伴う愛が、父である神と主イエス・キリストから、兄弟たちにあるように。恵みが、変わらぬ愛をもってわたしたちの主イエス・キリストを愛する、すべての人と共にあるように。アーメン

エフェソの信徒への手紙第一章から共に聴き続けて第四章に入り、今朝は七節以下をみ言葉として聴きました。ここはきちんと段落をつけておりまして、たしかに新しい段落に入りますけれども、しかし、言葉はその六節までの言葉を受けて、「しかし」と語っております。何が「しかし」なのか。この六節までのところで、すでに教会について語っております。教会というのはひとつのものだ。「主は一人、信仰は一つ、洗礼は一つ、すべてのものの父である神は唯一」。そして、すべてのもの

は、それゆえにひとつである、と述べたのです。

そこで七節は言います。「しかし、わたしたち一人一人に、キリストの賜物のはかりに従って、恵みが与えられています」。教会を造っているのは私ども一人ひとりです。その一人ひとり、皆賜物が違う。主イエス・キリストが恵みの賜物のはかりに従って与えてくださった賜物は異なっている。皆それぞれ洗礼を受けて、教会の仲間になりました。しかし、皆同じ顔をしてはいない。皆が同じ力を持ってはいない。皆それぞれ別々の個性があると言うのです。

四〇年前、私が鎌倉雪ノ下教会の牧師になった頃、世界中が労働者も学生も紛争を起こして、荒れておりました。鎌倉雪ノ下教会にもその嵐が及んでいなかったとは言えない。その頃の若者のひとりが私のところに訪ねてきまして、その悩みを訴えたときに、こんなことを言いました。当時、中国においては紅衛兵運動が起こりました。今は紅衛兵と言っても、どういう漢字を書くのか分からない方もおられるのではないかと思う頃になりましたが、その紅衛兵運動の姿が毎日のようにテレビに出てくる。その青年は言うのです。「紅衛兵たちは皆頬っぺたが真っ赤で、生き生きとしている。私たちにはその生き生きとした顔はないのではないか」。私はいくつかのことを申しましたが、そのなかでもこんなことをひとつ言った。「赤い頬っぺたをして生き生きとしている少年少女は戦争中にもいたよ。軍国主義にもああいう若者を作る力はあったよ」。赤い顔をして生き生きとしていればいいとは言えない。皆同じ顔をして、同じように頬を紅潮させて。つい先日も、中国六〇年の記念のパレードを何度もテレビニュースで見せられた。大勢の人びとが、よほど訓練をさせられたのでしょう。一糸乱れず行進をする。行進をしている若者たちの顔は皆同じように見える。同じユニフォーム。同じ形を装いとして同じ顔をして同じように歩いている。

教会は皆同じ顔をしたひとが集まっているわけではない。皆一人ひとり賜物が違う。この七節の言葉を読むと、私ども一人ひとりが主イエスの前に立たされて、主イエスが私ども一人ひとりの顔をじっとご覧になって、「お前にこれをあげよう」と、ご自分ではかりを用いて、私を最も生き生きとさせるための賜物を、しかし、他のひととは違うものをくださる。そのお姿を思い浮かべる。皆さん一人ひとりが、そのように主から賜物をいただいている。

しかし、問題はそこに始まる。皆違うということは、皆ばらばらということです。皆がばらばらであって、ひとつということはどういうことか。私どもはいろいろなところで一緒に働き、学び、運動する。そういうときに、ばらばらであるものをまとめるということが、どんなに難しいことかという経験をいたします。その四〇年前に、鎌倉雪ノ下教会では、今でもそうかもしれませんけれども、長老会の責任で作られる委員会と違いまして、婦人会とか青年会というのは、皆信徒の自由な集団として作られていました。青年たちが、青年会を作りたいと言えば作れたのです。しかし、その頃の青年会はできては消え、できては消えました。本当におかしなことでしたけれども、青年たちが青年会を作って何を始めるかというと、青年会は何のためにあるかという議論です。だんだん話が分からなくなってくるし、意見がまとまらなくなってくる。そうなると、青年会の存在の意味が分からなくなりました、と言って解散するのです。そのうちにまた青年会を作る。なかなかひとつにまとまって、ひとつに生きるということは、やさしいことではない。

たぶんこの手紙が書かれた頃の教会も、同じ問いにぶつかっていたのかもしれない。だからこの手紙はとても丁寧にここから説いていきます。すっと読んだときにはいったい何の話かと思うほど丁寧に語ります。「そこで」と言って、一緒に交読しました詩編第六八篇を引用する。引用しているテキストが違いますから、私どもが読んだテキストとは違いますけれども、第六八篇の一節を引用して、これは主イエス・キリストのことだと言う。主イエス・キリストが高い所に昇られたときに、捕らわれ人を連れて行かれた。つまり勝利なさった。虜を連れて行かれて、しかし同時に、人びとに賜物を分け与えられた。この詩編の言葉をこう説いていく。昇ったというのだから、低いところ、地上におられた。ただ地上に来られたというのではなくて、私どものところにおられたのです。おられて何をしたかというと、教会を造る準備をしてくださった。弟子たちを集め、伝道をし、そして、弟子たちを基礎として教会をお造りになるために、教会を造るにふさわしい者たちを選び、また、これをきよめるために、十字架と甦りの道を歩まれなければならなかった。そして、その地上のわざを終えて、昇っていかれた。もろもろの天よりもさらに高く昇られた。

先日もある教会で講演をいたしまして、講演のあとに質疑の時間がありました。いろいろな質問がありました。高齢の方でしたけれども、こんな質問をなさった。自分は天文学をずっとやってきたというのです。近頃はとても精度の良い望遠鏡ができて、何億光年の遠くまで宇宙の広がりを観察することができるようになった。途方に暮れるようだ。毎日、そのように星のことを考えながら、ときどきふっと思います。私はやがて神のところに行く。この宇宙のどこなのだろうか。その方はいささかのユーモアを込めてそういう問いを出されました。もちろんその方も気づいておられることですけれども、主イエスはそのもろもろの天を越えた高いところに昇って行かれた。なぜか。どんなに大きな宇宙であっても、これはキリストが支配なさるところに変わりはないからです。

しかし、ここではただ宇宙論を述べているのではありません。その高く昇られた主イエス・キリストのご支配が見えてきているのが、教会だと言うのです。ここでも一二節に「キリストの体」という言葉が出てきます。このところについて、ドイツのある学者が「高く天に昇られた主イエス・キリストは、しかし、また地上に深く根ざして働かれる。それが、まず具体的な姿を取るのが教会だ。キリストのご支配が見えてきているのが教会だ」と、そう申しました。

七月に日本プロテスタント教会伝道一五〇年の記念の集会が横浜で行われました。一万六〇〇〇人が集まったと報告されております。私がそれをしたときにも四〇〇〇人ぐらいだったと申しますけれども、その四〇〇〇人ぐらいのプロテスタントの人びとに基調講演と題される講演をいたしました。そのなかで、私はひとつこういうことを申しました。「クリストクラシー」という言葉がある。「クラシー」というのは支配です。「デモクラシー」という言葉がある。これは「デーモス」、つまり「民衆」が支配するという意味で「民主主義」と訳される。「クリストクラシー」というのは「キリストのご支配」ということであります。キリストのご支配するところ、それがまず見えてくるのは、キリストのからだ、教会である。しかし、一五〇年のプロテスタントの歴史を振り返って、われわれはその点ですでに深く悔い改めなければならないのではないか。牧師はしばしば、教会は牧師が支配するところだと思い込む。牧師の教会になってしまう。牧師の思うように支配することができる。営むことができる。それが教会だと思い込む。その牧師たちに対抗するかのように、信徒たちも教会は信徒たちの思うとおりに、その願いが果たされるところだと考える。へたをすると、牧師もまたその信徒たちの群れの雇い人であるかのような扱いを受けることがある。いずれも間違っている。私はこう言った。「お願いをする。それぞれの教会で、どんな形でもいいから、一五〇年の記念の集会をしていただきたい。そして、その集会でやること、それは教会を主イエス・キリストにお返しすることである。キリストのご支配のもとにもう一度立つことである」。

キリストのご支配のもとに立つとはどういうことか。この手紙は、そこでこう言うのです。高く昇られて、そして、と続きます。この「そして」というところからは、原文のギリシア語をそのまま申しますと、「そしてご自身で」あるいは「ご自身が、私たちに」あるいは「あなたがたに」ということにもなるかもしれませんが、「私たちに、使徒、預言者、福音宣教者、牧者、教師たちを与えてくださったのである」。そうなります。天に昇られた主イエス・キリストが、そのご支配を、ご自身のからだである教会に行き渡らせるために、何をなさったかというと、使徒・預言者以下の職務に就く者を与えてくださったというのです。このさまざまな教会の職務、この職務が作られて、教会を営むといたします。これを別の言葉で言うと、制度と呼びます。教会の制度はこのようにして生まれたというのです。

制度というのは、人間が集団生活をするときにはどこででも必要とします。そうしないとばらばらになるからです。ばらばらの者が一緒に生活していくには、どうしても制度が必要だ。国家という制度。学校という制度。会社という制度。それぞれの制度があります。この制度はしばしば、私ども人間が自由に生きていくためには不必要なものであるとか、邪魔なものであるかのように考えてしまいます。人間が生まれると、いきなり一種の家族制度のなかに生きることでしょうけれども、もっと自覚的に制度を意識するのは、幼稚園に入ったり、保育所に入ったり、学校に入ったりすることかもしれません。私どもも三人の子どもを育てましたけれども、三人のうちのひとりを保育園に入れましたときに、その子が保育所と激突いたしまして、母親が困ったことがあります。保育所のやることがいちいち気に入らない。保育所も困ったし、私どもも困った。しかし、困りながら、子どもの気持ちも分からないでもないと思った。保育所という制度は、自分が初めて体験するものであって、一度気に入らないというと、どうしても受け入れられない。これは大人になってもそうだろうと思います。信仰の生活においてもそう考えてしまうことがあります。だから、教会の生活においては制度はいらない、制度はむしろ信仰を自由に生きるためには邪魔だと考えて、制度を否定するひとたちが何度も生まれてまいりました。日本でも無教会というのがあります。これは要するに制度的教会を否定したのです。しかし、そうは言うものの、無教会も先生というひとを中心として、一種の無教会の制度を作らないと集団が成り立たなかった。そのときに、しかし、私たちが思い違いをすることがあります。教会の制度というのは、人間が作った、とても人間的なものだ。しかし、エフェソの信徒への手紙は、いや、これは主イエス・キリストが作られたものだ、と断言します。

　使徒と預言者につきましては、これに先立つ第二章の二〇節にすでに出てまいりまして、「使徒や預言者という土台」という言葉がありました。教会の土台は使徒と預言者だ。そのときに申しました。使徒というのは、主イエスがお立てになった、文字通りお立てになった、主イエスの元弟子たちを中心としたものであります。預言者は使徒とは多少違いますけれども、語る言葉は同じ主イエス・キリストの復活を中核とする神の救いの出来事でありまして、しかも、使徒も預言者も旅を続けました。

各地を訪ねて伝道をし、また、出来上がっている教会を何度も訪ねました。なぜかというと、どの教会であっても、使徒と預言者が語る神の真理の言葉、主イエス・キリストという真理の言葉が基礎にないと成り立たないからです。

「福音宣教者」というのは、もとのギリシア語に用いられている言葉から生まれた英語で言うと「エヴァンジェリスト」です。今日の言葉で言い換えると「伝道者」です。「エヴァンジェリスト」という言葉を、今でも使う教派があります。牧者は牧師、教師も信仰の教師。制度は今日とは姿が違います。われわれの教会で言うと、牧師と呼ばれるひとが、福音宣教もするし、牧師の仕事もするし、教師の仕事もする。あるいは、これはすでに新約聖書の時代に置かれていましたけれども、長老という職務があって、これがそれらの職務を担ったと言うこともできるかもしれません。いずれにせよ、これらは、使徒・預言者とは異なりまして、一定の土地に定住いたします。鎌倉雪ノ下教会なら、鎌倉雪ノ下教会に居続けて、職務を営む。各個教会の担い手です。それに対して、使徒・預言者は全体の教会の職務の担い手と言ってもよいと思います。

制度という言葉を使いました。制度という言葉を言い表す英語に「インスティテューション」があります。今年は、ジュネーヴの改革者カルヴァンの生誕五〇〇年でありまして、カルヴァンのことについていろいろな催し物が行われ、本が出されます。カルヴァンの主著で、今でも世界中で広く読まれている、いったい何か国語に訳されているか知りませんが、『キリスト教綱要』という本があります。「綱要」と訳されている言葉は、もともとこの書物はラテン語で書かれておりますけれども、「インスティテューティオ」と申します。「インスティテューション」と同じ言葉です。「インスティテユーション」という言葉を、辞書で調べてごらんになると、いろいろな訳があることに気づきます。「制度」という訳もありますし、「教科書」などという訳も出てまいります。あるいは「慣習」などという意味でも用いられることがあると申します。もともとはラテン語で「何かを置く」という意味です。この場合は、何かを置かないと、教会が立ち上がってこない、学校ができない、ということです。基礎になる教えがきちんとしていないと、教会が立たない。したがって、教会の教理をきちんと述べる書物を「インスティテューティオ」と呼ぶのも当然のことです。教会の基礎になる言葉ということになります。ここでも、主イエス・キリストが教会造りの基礎作業をしてくださいました。そこで、どこのキリスト教会も同じキリストの教会と呼べるように、同じ信仰の言葉に生きることができるように、使徒・預言者をお定めになり、また、各地の教会が教会であり続ける、鎌倉雪ノ下教会が鎌倉雪ノ下教会であり続ける、キリストのからだであり続けることができるように、福音宣教者、牧者、教師をキリストが置いてくださった。だから尊重すべきものです。人間が勝手に作ったものではありません。教会の制度は人間が勝手に作ったのではありません。主イエス・キリストのみこころによるものです。だから私どもは、牧師を立て、牧師を招く。それらのことについて、とても丁寧に信仰による取り扱いをします。キリストのみわざをそこで行うのです。

ところで、なぜこんなところで、こんなに丁寧に語ったかというと、それはこういう目的があったからです。それを一二節以下にこう申します。「こうして、聖なる者たちは奉仕の業に適した者とされ」る。まず第一に、そう記されています。「聖なる者」というのは、教会員のことです。洗礼を受けた者たちです。教会の仲間入りをしている、キリストのもの、神のもの、聖なる者です。その聖なる者たちが、皆それぞればらばらのようだけれども、しかし、皆ひとつの使命がある。それが奉仕です。主イエス・キリストにお仕えするのです。キリストのからだにお仕えするように、それに適した者とされる。適格者とされる。この「適した者とされ」という言葉は、いろいろな翻訳がなされる。「準備をする」「備えを与える」。そんなふうに訳しているものもありますが、ある注解者はこんなことを言っている。ここに用いられているギリシア語はおもしろい。からだに何か故障が起きる。たとえば、脱臼しちゃった。スポーツの選手が脱臼しちゃった。脱臼したら治さなければならない。そのようなときの癒しをすることを表す言葉が、もともとはここで用いられている。聖なる者だけれども、故障していたら困る。教会のお役に立たないと困るので、それを治す。教会の牧師、説教者の仕事は、そういう意味で、教会員一人ひとりの手当てをする。だから、牧師は魂のみとり手だと申します。教会員の医者のようなもの。キリストご自身がお医者さんだとカルヴァンは申しました。その主イエス・キリストの癒しを実行すると言えます。

では、癒されてどうするのか。「キリストの体を造り上げてゆき、ついには、わたしたちは皆、神の子に対する信仰と知識において一つのものとなり、成熟した人間になり、キリストの満ちあふれる豊かさになるまで成長するのです」。「成熟した人間」という新共同訳は良い訳だと思います。そのあとに「未熟な者」とありますし、適切な訳でありますけれども、もとのギリシア語は「完全な人」と訳すことができる言葉です。欠けていてはいけない。キリストのからだである教会は、完全な人間と言えるような生き物ですから、存在となることを目指す。そのときの「成熟」というのは、いったい何ではかられるのかということが大切です。教会はどこまで成熟したか。何によってはかることができるか。そう思いながら読みますと、「キリストの満ちあふれる豊かさになるまで成長する」という言葉の背後に、「尺度」という言葉が隠されていることに気づきます。それは七節に「キリストの賜物のはかり」と訳されている言葉と同じです。「はかり」「尺度」。もとのギリシア語は「メトロン」と言います。「メトロン」というのは、一メートル、二メートルなどという、われわれが用いる尺度のもとの言葉になっています。どこまで大人になったか。身長を測ったり、体重を量る。このときのはかりは、キリストの豊かさという尺度だというのです。キリストの豊かさ。これはエフェソの信徒への手紙が、第一章から繰り返し語ってきたものであります。キリストの豊かさによってはかって、「ああ、一人前の教会だ」と言えるようになろう。そのために、福音伝道者は伝道に励み、牧者はみとりに生き、教師は一所懸命に信仰の言葉を教える。

このキリストの豊かさを作るものとして、一三節では「神の子に対する信仰と知識において一つ」という言い方をします。神の子を信じる。神の子は主イエス・キリストですが、ここではただ主イエス・キリストという表現ではなく、「神の子」ということを強調していることは、この手紙の特徴です。この手紙は、このあとで、われわれも神の子なのだから、ということを繰り返し語ります。神の子イエス・キリストに対する信仰が明確であり、その知識も深くなる。それもひとつです。主イエス・キリストについて語る言葉、神の子としてこれを信じる信仰の言葉が、皆ばらばらだと困るのです。皆ひとつの信仰と知識に生きているのだと言う。長老会はそのためにこころを配っていると言うことができるでしょう。この「信仰と知識」がひとつであるということが、教会が成熟していくときの基本的な条件で、そのことによって、神の子の豊かさそのものを反映するものとなります。

「成熟」ということを語るために、一四節では「未熟」とはどういうことかということを語ります。プロテスタント教会の一五〇年の歴史を振り返りますときに、やはり、私どもが考えざるを得ないのは、教会がどこまで成熟したかということです。一人ひとりの場合にも、成熟するということは、とても大事だと思います。

東京神学大学の教師になりたての頃、しばしば教師たちの間で問題になったのは、成熟した伝道者を送ってほしいと、教会のひとたちの要求が強くなったことです。私は実践神学という、教会の実際の働きに役に立つ学問を教えなければならなかったものですから、「実践神学の先生を呼んでください」という電話に呼び出されたこともあります。初めて聞く名前の牧師からの電話です。いきなり叱られた。「もう少しましな伝道者を作ったらどうですか」と叱られた。「ましなというのはね、もう少し大人ということだ。いくら神学大学を出たからって、子どものような幼稚な伝道者をよこすな。私たちはそのために迷惑をしている」。ただひたすら謝るしかありませんでしたけれども、いったいそのときに、一人前の伝道者になる、成熟するとはどういうことなのだろうか、ということが問われる。教会も同じです。

ここでは、「未熟」ということをこういうふうに言うのです。「未熟な者」と訳されている言葉は、もとのギリシア語は「子ども」という言葉です。ただ、福音書のなかで主イエス・キリストは「幼子のようにならないと神の国に入ることができない」と言われましたけれども、そのときに用いられている「幼子」とは言葉が違うのです。明らかに「未熟な者」という意味の言葉がここで選ばれている。「もはや子どもではない」。「子ども」「未熟」というのはどういうことか。一四節です。「人々を誤りに導こうとする悪賢い人間の、風のように変わりやすい教えに、もてあそばれたり、引き回されたりする」。誘惑されやすいのです。こころがころころ変わるのです。これもある注解書を読んでいましたら、おもしろい説明が出ていました。「誤りに導く」という言葉のもとのギリシア語は「サイコロを振る」という意味があるそうです。いったいその頃のサイコロは、今のサイコロと同じなのか、違うのか。調べたいと思って、調べれば何か分かるかもしれませんが、そのままにしてしまいました。「サイコロのように目が変わる」と申しますけれども、われわれもサイコロゲームをやって、サイコロに振り回されることがあります。自分ではどうすることもできない。サイコロの目で一喜一憂します。われわれの一喜一憂はたわいのないものであるかもしれませんが、本当にそれにお金を賭けたりすると、一生を棒に振りかねないようなことも起こるでしょう。そのサイコロの目に振り回されるように、くるくるとこころが動く。揺れ動く。そういうふうにわれわれを誘う悪賢い人間の教えというのがある。悪魔の手先のような教えというのがあるのであって、その教えに惑わされる。教会はいつもそのように間違った教えに振り回されてまいりました。今でもそうです。好奇心がある。自分は知的である。うぬぼれたりする人間は、しばしばそういう意味で、神の子についての信仰と知識におけるひとつであることから脱落する危うい危険に曝される。

そうではなくて、「むしろ、愛に根ざして真理を語り、あらゆる面で、頭であるキリストに向かって成長していきます」。この一五節を一六節でこう言い換える。「キリストにより、体全体は、あらゆる節々が補い合うことによってしっかり組み合わされ、結び合わされて、おのおのの部分は分に応じて働いて体を成長させ、自ら愛によって造り上げられてゆくのです」。「愛によって」「愛に根ざして」。

どれも「愛のなかで」という言葉です。私どもはこういう言葉を聴くと、第四章に入る前の第三章の後半に、パウロが膝をかがめて祈った、あの愛の祈りを思い起こします。「信仰によってあなたがたの心の内にキリストを住まわせ、あなたがたを愛に根ざし、愛にしっかりと立つ者としてくださるように。また、あなたがたがすべての聖なる者たちと共に、キリストの愛の広さ、長さ、高さ、深さがどれほどであるかを理解し、人の知識をはるかに超えるこの愛を知るようになり、そしてついには、神の満ちあふれる豊かさのすべてにあずかり、それによって満たされるように」。この愛を求める祈り、愛の祈りが、ここに戻ってきている。キリストの愛のなかに立つ。そして、変わりやすい教えに振り回されたり、もてあそばれたりすることなく、愛に根ざして真理を語る。未熟な者の決定的な欠点は、愛を失っていることです。愛のなかに立つことができなくなったときに、それは未熟な者になる。愛に根ざして真理を語る。

私はかつて、『愛の手紙・説教』という本を出しました。英語で言うと"Preaching as Love Letter"です。ちょうどその本を出したときに、アメリカで学会がありまして、アメリカの先生たちと話したときにこういう本を出したと報告しました。説教はラブレターのようなもので、と言った。女性の教授が、私に握手を求めて、「すてきですね」と言いました。説教は毎日曜日、教会員に愛の手紙を書いて送っているようなものだ。キリストのラブレターです。私たちはキリストの愛の使者です。愛の使者としてここに立っている。そういう意味では、キューピッドのようなものです。そして、そのキリストの愛に根ざした真理が、教会員の一人ひとりの言葉になる。エフェソの信徒への手紙はこの後、間もなく、われわれの言葉の点検にまで入ります。そして、そのようにして、皆一緒に成長していくのです。

先ほど、皆の脱臼を治すという話をしましたけれども、ここでは、キリストのからだである教会全体がひとつのからだですから、どこかの関節が外れたら困る。われわれが皆その関節になり、筋肉になり、キリストのおからだを造っている。その中核にあるのが、福音宣教者たち、牧者、教師たちが語る真理の言葉です。愛の言葉です。そうして、その言葉を聴くことによって、一人ひとりに与えられているキリストの賜物が生き生きと生かされる。これは他人の話ではない。鎌倉雪ノ下教会の話でありまます。そうして幸いなことに、私どもはこの教会でそのことを体験してまいりました。一緒に生きることの素晴らしさを味わってまいりました。先ほどの祈りにもありましたように、今月は交換会があったり、まさにそのような意味で、キリストのからだである教会の豊かさを味わう機会がさまざまな形で与えられている。

そして、この教会の中核にあるものが、説教と並んで、まさにキリストからの愛のもてなしでありまます聖餐であります。キリストは言葉を語り伝えるとともに、教会に仕えるとともに、この食卓に仕えるようにお命じになりました。牧者は何よりも、この聖餐の食卓に仕える者として、教会の方たちの魂のみとり手として生かされる。この聖餐がないと、傷を癒すことはできません。病を癒すことはできません。立ち直る力を真実に与えることはできない。しかし、この食卓にあずかることによって私どもは、癒されるということがどういうことか、口で味わうことができる。からだで知ることができる。それが私どもに与えられている恵みであります。祈りをいたします。

み子のからだを造るために、私どもがさまざまな賜物をいただくとともに、それを生かすべく、召され、集いを重ねることが許されていることを感謝します。主の食卓に真実にひざまずくことができますように。私が顧みるのは、こころ砕けた者だ、私の言葉を恐れる者だと言われた言葉を思い起こすことができますように。この教会のすべての営みを、特にその中核にあって職務に就いております者たちを、祝福し支え、常に癒しの恵みを与えてくださいますように。主イエス・キリストのみ名によって感謝し祈ります。アーメン

（2009.10.4）

第四章一七―二四節

滅びに向かわず！

アモス書第四章一二―一三節

　そこで、わたしは主によって強く勧めます。もはや、異邦人と同じように歩んではなりません。彼らは愚かな考えに従って歩み、知性は暗くなり、彼らの中にある無知とその心のかたくなさのために、神の命から遠く離れています。そして、無感覚になって放縦な生活をし、あらゆるふしだらな行いにふけってとどまるところを知りません。しかし、あなたがたは、キリストをこのように学んだのではありません。キリストについて聞き、キリストに結ばれて教えられ、真理がイエスの内にあるとおりに学んだはずです。だから、以前のような生き方をして情欲に迷わされ、滅びに向かっている古い人を脱ぎ捨て、心の底から新たにされて、神にかたどって造られた新しい人を身に着け、真理に基づいた正しく清い生活を送るようにしなければなりません。

使徒パウロがローマの教会に宛てて書いた手紙の最後、ローマの信徒への手紙第一六章二五節から二七節に、まことに深い思いを込めた祝福の言葉を記しています。今朝、説教者である私から皆さまへの祝福の言葉として朗読いたします。

神は、わたしの福音すなわちイエス・キリストについての宣教によって、あなたがたを強めることがおできになります。この福音は、世々にわたって隠されていた、秘められた計画を啓示するものです。その計画は今や現されて、永遠の神の命令のままに、預言者たちの書き物を通して、信仰による従順に導くため、すべての異邦人に知られるようになりました。この知恵ある唯一の神に、イエス・キリストを通して栄光が世々限りなくありますように、アーメン。

私がこの場所に立つときには、エフェソの信徒への手紙を少しずつ、この日に与えられたみ言葉として、聴いておりまして、今日は第四章の一七節以下を聴きました。「そこで、わたしは主によって強く勧めます。もはや、異邦人と同じように歩んではなりません」。このエフェソの信徒への手紙は、教会について語っている手紙だと言われています。実際に、ここまでずいぶん多くの教会についての言葉を聴きました。この一七節以下は、その教会に生きている私ども一人ひとりの生活についても改めて、しかし、一度読むと忘れられない、鮮やかで深い言葉を書いてまいります。「勧める」という言葉は、いわば生活の勧告でありまして、「こう生きなさい」と勧める言葉です。生活に関わる説教の言葉を語ることだと言うことができます。すでに第三章の一節で、ここには「勧める」という言葉はないのですけれども、「キリスト・イエスの囚人となっているわたしパウロは」と書きました。「勧める」と書きたかったところで、少し筆が丁寧になったと言ってもよいと思います。ちょっと姿勢を改めまして、それはやがて一四節以下で、祈りの言葉にまでなりまして、第四章の一節で、第三章の一節を繰り返して、「あなたがたに勧める」と書いた。しかし、こではまだ、一人ひとりの生活の勧告になってはおりませんで、まず教会においてどのように歩んだらよいかを語ります。そしてようやく一七節になりまして、もう一度「勧める」と言ったときに、パウロは「強く勧める」という言葉を新しく用います。これは、これまでの単純に「勧める」と書いていたときとは、少し事情が違います。原文はギリシア語ですけれども、言ってみれば、「勧める」と言いながら、もうひとつ付け加えている。これはいろいろな翻訳をする場合があります。「誓約をする」と訳すひともあります。誓約を伴う勧告です。あるいはもっと別のいろいろな翻訳が可能でしょう。

しかし、それを探るよりも、このパウロの言葉をよく理解できる手がかりがあります。この「強く勧める」という言葉がすでに用いられているところがあります。それは、新約聖書に残されているパウロの手紙のなかで一番日付が早いもの、つまり新約聖書のなかにあるパウロの手紙では最初に書かれたと考えられるテサロニケの信徒への手紙一であります。その第二章です。この一二節に「呼びかけて、神の御心にそって歩むように励まし、慰め、強く勧めた」とあります。

あとで改めて確認いたしますように、「歩む」というのは日常生活を示しますが、歩みについての勧告を「強く勧め」と記されています。この「強く勧める」という言葉をもっと理解するためには、その前後を読むとよいかもしれません。しかも、たとえば、一〇節からですが、「あなたがた信者に対して、わたしたちがどれほど敬虔に、正しく、非難されることのないようにふるまったか、あなたがたが証しし、神も証ししてくださいます。あなたがたが知っているとおり、わたしたちは、父親がその子供に対するように、あなたがた一人一人に呼びかけて、神の御心にそって歩むように励まし、慰め、強く勧めた」とあります。「父親がその子供に対するように」とありますが、その前の六節では「ちょうど母親がその子供を大事に育てるように」ともあります。母親がその子どもを愛おしく思うように、あなたがたのことを愛している。そして、あなたがたが確かな歩みができるように、今度は父親がその子どもの生活を見守り、ときには厳しく勧告するように、この手紙を書いている。これまでもそのようにやってきた。そのような思いで、この手紙も書く。「御自身の国と栄光にあずからせようと、神はあなたがたを招いておられます」。

併せて読まなければならないのは、同じ手紙の第二章一三節であります。「このようなわけで、わたしたちは絶えず神に感謝しています。なぜなら、わたしたちから神の言葉を聞いたとき、あなたがたは、それを人の言葉としてではなく、神の言葉として受け入れたからです。事実、それは神の言葉であり、また、信じているあなたがたの中に現に働いているものです」。

私ども説教者は、このパウロの言葉を、暗唱するほどに繰り返しこころに刻む。母親のように、父親のように、言葉を語り続けてきた。それはさらに言えば、神の言葉として聴かれるべきものであった。ひとが語っているのですから、ひとの言葉として聴かれる可能性はいくらでもあったのですけれども、幸いなことに、テサロニケの教会のひとたちよ、あなたがたは、私たちの言葉を神の言葉としてよく聴いてくれた。しかもここで、だからといって、テサロニケの教会のひとたちにお礼は言わない。神様にお礼を申します。神のみわざだ。神がそのようにしてくださっている。ここに私どもの説教者の基本的なこころがある。私どもが語る説教の基本的な特質が語られている。ここで語る者は誰であろうと、神の言葉を聴くひとたちに、神の言葉として聴いてもらえる言葉を語り続ける。「牧師」

と訳される英語に「ミニスター」という言葉がある。「ミニスター」という言葉は「大臣」を意味するときもありますけれども、基本的な意味は「仕える」という言葉です。説教者は神の言葉に仕える。教会員にも仕えますけれども、ひとに仕えるよりも神の言葉に仕える。神の言葉に仕えることによって神に仕える。教会員に仕えます。自分たちの言葉が神の言葉として聴かれるように、ひたすらこころを注ぐ。

エフェソの信徒への手紙に戻りますが、パウロがここで「わたしは主によって強く勧めます」と言っているときに、この神の言葉を語る者としての思いがあったと聞き取ることは間違っていないと、私は思います。「主によって」とは、「主のなかで」ということです。だから、「主に委ねられて、この言葉を語る」と言い換えたひともいます。

じっと教会員一人ひとりの歩みを見ている。「歩み」です。すでに読みました、この第四章の一節にも、「この招きにふさわしく歩み」という言葉がありました。このあとにも「歩む」という言葉が次々出てまいります。たとえば第五章の八節です。「あなたがたは、以前には暗闇でしたが、今は主に結ばれて、光となっています。光の子として歩みなさい」。私どもの日常生活の風景で、毎日健康のために走っているひとはいるでしょうけれども、日常の生活を作るために「走る」ということは、そんなにありません。しかし、歩かないと生活できない。その歩みに、そのひとの生き方、姿勢が現れる。

東京神学大学の教師をしていましたときに、こんなことがありました。たしかクリスマスのお祝いの時だったと思います。ある学生が余興のひとつに、皆の前に出てきて、ひとの歩き方の真似をしました。最初にちょっと前かがみになりまして、少し右肩を下げて、ちょこちょこちょこと歩いた。その学生はどの先生の真似だとは言いませんでしたけれども、ほとんどの学生はすぐに分かって、「ああ、加藤先生！」と叫んだ。大爆笑。そこで、ちょっと私の歩き方を変えると、当時、まだ学生であった次男そっくりになる。これは私にも分かりました。ああ、歩く癖というのはこういうふうについているのかと思いました。

そのときに私が思い起こしたのは、ちょうど大学に入ったときに、父が私を新宿の三越にやりまして、初めて注文で私の服を作らせたことがありました。私の寸法を取った中年の女性が「身の丈何センチ」と言ったあとで、私の姿勢の特徴を言った。「右肩下がり、前かがみ」。私はとても恥ずかしかった。他にもお客さんがたくさんいるところで、大きな声で特徴を言われました。今でも歩きながらふと、「ああ、また前かがみになっている。ああ、また右肩が下がっている」と思う。特に肩が下がっているのは目立つことのようでありまして、これはもう直せない。死ぬまでこうだな、と思う。鞄も左の肩に掛けたほうが落ちない、というようなことです。しかしパウロは、ここで肉体の歩き方の癖を言っているのではない。あなたがたの毎日の生活の歩き方、こころの歩き方に気をつけてもらいたい。

そこで言います。「異邦人と同じように歩んではなりません」。「異邦人」というのは外国人ということですけれども、ここでは、神の民にとっての外国人、神を信じないひとたちのことを言う。しかも、これは他人の話ではない。あなたがたには、神を信じなかった日々があった。その昔の歩き方をするな、と言うのです。子どもの時からのからだの癖は直らないかもしれない。しかし、こころの癖は直ったはずだ。あなたがたは昔は「愚かな考えに従って歩」んでいた。「愚かな」というのは「虚しい」という言葉です。「空っぽ」ということです。「中身がなかった」ということです。

「知性は暗くなり、彼らの中にある無知とその心のかたくなさのために、神の命から遠く離れています」。知性は暗い。知性というのは、本当は明るいものです。「あのひとは知性がある」と言ったら、暗闇を歩いているひとを考えるひとはいないでしょう。だから、明るい道を歩いていると思う。パウロは、その知性そのものが暗くなるということが、神を信じないときの最も恐ろしいことだと言うのです。この「知性」という言葉を、少し解釈を加えて、「全存在」と言い換えたひともいます。存在そのものが暗くなってしまっている。その暗い歩みは、無知とこころのかたくなさが特質となっている。知性が知るべきものを知らない。そのこころがかたくなになっている。この「かたくな」というのを、あるひとが「石のようになっている」と訳しておりました。歩いている、その一歩一歩の歩みのなかに明るさが見えてこない。神のいのちから遠く離れている。死の匂いのするような歩みでしかなくなる。こういうところは、私がくどくどと説明をしなくても、皆さんが思い当たるところがあるはずであります。

一九節ではもっと徹底しています。「無感覚になって放縦な生活をし、あらゆるふしだらな行いにふけってとどまるところを知りません」。この新共同訳の翻訳はなかなか良いと思います。このなかに含まれている言葉に「委ねる」という言葉があります。あらゆるふしだらな行いに落ち込んでいくようになってしまっている。なぜかというと、放縦な生活に身を委ねてしまっているからだ。無感覚になるとそういうことになるでしょう。鈍くなると、自分のこころのなかに浮かぶ欲望のままに振り回されてしまって、結局は行くところは決まっている。

同じことを、たとえば二二節ではこう言っている。「以前のような生き方をして情欲に迷わされ」。この「情欲に迷わされ」という言葉は、「情欲」という言葉に「だます」という言葉が付いておりまして、ひとをだます情欲に振り回されてしまうということです。結局、行く先は滅びです。パウロはじっと教会員一人ひとりの歩き方を見ていて、そういう歩き方をしなさんな、滅びに向かっているのかいのちに向かっているのか、きちんと自分で自分の歩み方の点検ができるようにしなさい、と強く勧告をいたします。

「しかし、あなたがたは、キリストをこのように学んだのではありません」。今日ぜひ覚えて帰っていただきたいひとつの表現はここであります。しかし、あなたがたはキリストを学んだのだ。かつて私どもが親しんでいた口語訳では「キリストに学ぶ」でありましたし、そういう翻訳も可能でしょう。実際に、原文のギリシア語はこの通り「キリストを学ぶ」であります。併せてこころに留めていただきたいのは、そのあとの二一節に「キリストについて聞き」とありますが、これも原文をそのまま訳しますと「キリストを聴く」ということです。「キリストに結ばれて」というのは、「キリストのなかで教えられ」ということです。誰から教えられるかということは、ここには書いてありません。しかし、キリストを学び、キリストを聴くのですから、キリストのなかでキリストに教えられると、そう読むこともできます。

もうずいぶん前になりますけれども、スイスの新約学者でありましたマルクース・バルト先生がこの教会に来てくださったことがあります。国際基督教大学で一学期、客員教授の労を執られまして、そのわざを終えて帰る直前に、ここに訪ねてきてくださいました。残念ながら健康を損ねておしまいになりまして、一部集会を欠席なさり、奥様だけが出席なさいました。その病がひどかったのでしょう、とても残念なことですけれども、お帰りになってから間もなく亡くなられました。しかし、一晩、私どもと一緒に食事を取り、おしゃべりをしてくださったこともあります。お帰りになってからすぐお葉書が届きまして、もうぶるぶる震える手で、「本当のエクレシア、本当の教会に出会うことができた。ありがとう」と書いてきてくださいました。皆さんと出会って、エフェソの手紙が書くようなまことの教会が鎌倉にあるということを知って嬉しかったと言ってくださったのです。

バルト先生は、このエフェソの信徒への手紙について、二巻にわたる英語の注解書を書いておられます。大変興味深いものでありまして、私はエフェソの信徒への手紙から説教をするときには必ずそれを読みます。ときどき、その注解書のなかに、題をつけて、小さなエッセイのような文章をお書きになります。このところの関連で、比較的長い文章ではありますが、「メシアの学校」「スクール・オブ・ザ・メサイヤ」という題の文章をお書きになっています。そこだけを翻訳して紹介したいぐらいの興味ある文章です。「キリストに結ばれて」というのは「キリストのなかで」ということです。バルト先生は、このところで、キリストが「アドミニストレーション」までやってくださっているという文章を書いておられる。「アドミニストレーション」は「行政」という意味です。学校経営・学校行政です。あるいは「キリストのなかで」というのは、キリストが校舎になっていてくださる、あるいはキャンパスになっていてくださる、ということです。キリストを言い換えれば「メシア」です。「救い主」です。救い主が作っていてくださる学校は、キリストご自身が経営し、キリストご自身が教師になって、しかも教材もキリストご自身です。特にここでその教材のことについては「真理がイエスの内にあるとおりに学んだはず」と書いてあります。このイエスのなかにある真理ということについても、もうひとつテーマを掲げて、エッセイを書いておられます。とても丁寧です。キリストが教えてくださる。キリストが教えてくださったことは何かというと、イエスが、神の子が、ひととなってくださったイエスが、地上を歩まれたこと、教えられたこと、十字架について死なれたこと、地上にあってお甦りになって墓から出られたこと、そこに真理が鮮やかに現れてきている。キリストが一所懸命にキリストの話をしてくださる。ご自分の話をしてくださる。私どもも、その救い主の学校に学んでいる。すてきな話です。

「キリストを学ぶ」とか「キリストを聴く」とかというのは不思議な言葉です。まるで、キリストご自身が声を発して、それを私たちが聴くことができるかのようです。ですから、ここについて書かれる文章のなかには、これはとても神秘的なことだと言うひとがあります。特に昔の教会にあった、よく神秘主義と言いますけれども、とても神秘的な信仰生活、信仰の営みをしたひとのことが書かれていると、そういうふうに説明するひともいます。しかし、バルト先生は「そんなことはない」と言われます。およそキリストのからだである教会というのは、そういうものではないか。なるほど、「キリストを聴く」と言ったときに、キリストご自身が肉声をお持ちになるわけではない。しかし、伝道者たちが教会で説教をするときに、先ほどのパウロも、自分たちの語る言葉は神の言葉だと言った。

明日、日本でプロテスタントの教会が伝道を始めて一五〇年の記念のお祝いを日本基督教団がいたします。私もそこで記念講演をさせていただきます。改めて、これまでの教会の先輩たちが何をしてきたか、特に説教者の先輩たちが何をしてきたか、ということを思い起こします。この教会の最初の礼拝において説教をしたのは、富士見町教会の牧師であった植村正久先生です。私ども説教者が、いつも思い起こす植村先生の言葉があります。それは、「説教というのはイエス・キリストをご紹介することだ」という言葉です。それは、イエス・キリストの声を聴いてもらうことです。まさに、キリストを学ぶことです。植村先生が大事にしたことは、このイエス・キリストの愛のなかに立つことです。

西南学院大学に神学部があります。牧師養成の機関です。何年前になるでしょうか、私はこの学校に何度か招かれておりますが、アメリカ人の宣教師が神学部長をしているときに招かれたことがあります。二日間であったか三日間であったかは忘れましたけれども、特別講義を全学生にいたしました。空港まで神学部長が迎えに来てくれました。初めてお会いしました。運転を始められて、すぐに言われました。「初めてお目にかかります。加藤先生がどういう方か同僚に聞きました。加藤先生はバルトが大好き。でも私はバルトが嫌いでした」。そういうことに興味があって、同僚の方たちが、「加藤先生はバルトが好きだから気をつけなさい」と言ったのかもしれません。バルトというのはスイスの大変優れた神学者です。しかし、この先生はこう言われました。「私はかつてはバルトが嫌いだった」。バプテストにはバルトが嫌いな方が多いのです。バルトの神学はバプテストの神学にとても近いところがあるのにと、残念な思いでおりました。でも、この先生が、「私はバルトについて考えが変わりました。きっかけはこうです」と言って、こんな話をした。カール・バルトはかつてアメリカに講義に行きました。英語であちらこちらの大学で講義をしました。ある大学で講義をした。質疑の時間になった。その先生も、その席にいたそうです。こう言った。「アメリカ人だからこういう馬鹿な質問をしたのでしょうけれども、しかし、とてもいい返事をバルト先生はしてくれました」。馬鹿な質問とはこうです。バルト先生がどのくらい話したのでしょう。とにかく講義をした。最初の質問者はこう言った。「講義で何をおっしゃったのか分かりませんでした。要するに何を言いたかったのか言ってください」。これは実に失礼な質問です。けれども、バルト先生は怒りもしない。にこりとしてこう答えた。「ジーザス・ラブズ・ミー・ディス・アイ・ノウ」。「主我を愛す」と、私どもの教会学校、日曜学校で、明治時代から歌ってきた歌を歌ったそうです。いろいろ難しいことを言ったかもしれないけれども、私が言いたかったのは、イエスの愛、イエスに現れた愛、ここで言えばイエスにある真理、愛の真理でしかない。あのイエスの出来事に起こっていることこそ、あなたがたの救いだと、救い主ご自身がおっしゃってくださった。

四〇年前、この教会の牧師になって間もなく、何人かの方が逝去されて続けて葬式をしました。ひとつの忘れ難い葬式は、ここにもそのご子息がおられる棟居信夫という長老のお葬式です。特に、葬式で「主我を愛す」を歌ったのをよく覚えております。子どもの信仰教育に一所懸命だったひとです。言ってみれば、教会学校の学校葬をやったようなお葬式になりました。だから、子どもと歌い続けたに違いない「主我を愛す」を歌いました。

二八年、牧師をしている間に、「主我を愛す」ばかりを歌ってお葬式をした方があります。その方は高齢になって、いわば恍惚のひとになって、聖餐を携えてお訪ねをいたしましても、何にも分からなくなった。しかし、思いがけず分かったことがある。「主我を愛す」を耳元で歌うと顔が変わる。嬉しそうな顔をして「主我を愛す」を歌う。その方を訪ねては「主我を愛す」を歌った。ついにその方が召されたときには、お葬式で一回だけではなかったと思います、「主我を愛す」を歌いました。

キリストを学ぶということは「主我を愛す」をこころから歌うようになるということです。主が私を愛してくださって、十字架につけられ、お甦りになって、私どもを滅びに向かう歩みから引き戻してくださったではないか。

この後、こういう言葉が続きます。「だから、以前のような生き方をして情欲に迷わされ、滅びに向かっている古い人を脱ぎ捨て、心の底から新たにされて、神にかたどって造られた新しい人を身に着け、真理に基づいた正しく清い生活を送るようにしなければなりません」。いくつもの翻訳を読んでいて、ある翻訳にこころを惹かれました。そのひとはこの二四節の最後をこういうふうに訳した。「清い生活を送るようにしなければなりません」。ここでは「そうしなければなりません」と、命令の言葉ですけれども、そのひとはそういうふうに訳さなかった。そうではなくて、「清い生活を送ることを」と言った。「送ることを」で切れているようですけれども、このひとは二一節の「真理がイエスの内にあるとおり」という言葉の内容が二二節以下に記されていると理解した。たしかにギリシア語の原文はそういうふうに読むことができる。イエスにある真理とは何か。それは、古いひとを脱ぎ捨てることだ。脱ぎ捨てたことだ。新しいひとを着たということだ。しかも、この新しいひとたるや、神に倣って造られる。

第五章の一節に、「あなたがたは神に愛されている子供」とあります。新しいひとというのは、神に愛されている子どもです。神を父と呼ぶようになっている子どもです。神に倣う者です。子どもは父に似る。「神にかたどって」と二四節に記されていることは、神の子どもとして、新しいひとになっている。そう読むことができる。そしてこれは、イエス・キリストにおける、キリストが教えてくださる、イエスについて起こっている出来事となっている真理です。そこで、人びとがここに隠されているひとつの事柄を見出します。「ああ、これは洗礼の話だ」。あなたがたはキリストを学んだではないか。学んでどうしたか。洗礼を受けたではないか。

この「学ぶ」という言葉は、いろいろな翻訳ができる。マルクース・バルト先生は、キリストを学ぶということは、キリスト・イエスその方をよく存じ上げることになることだ、と言いました。私はドイツ語で日常生活を送った日々があります。そこで、「知る」という言葉を使い分けることを学びました。たとえば、「君、○○さんのことを知っているかね」。「知っています」。こういう答えにはふたつの意味があります。「知っています。ハイデルベルク大学の教授ですよね」。それだけのこともあります。しかし、こう言うこともあります。「知っています。私の友人です。よくお会いします」。そうなってこそ、そのひとを知っていることになります。「あのひとをよく存じ上げるようになった」と言えるようになる。愛の関係と言える関わりでこそ、そのひとを「知っている」ということになる。

ここでは、私どもがキリストと知り合いになるということです。キリストのことをよく知っています。キリストに教わって、イエスにおいて何が起こったか、イエスにどのような真理が現れたかを知っています。そのように知っている人間は洗礼を受けています。洗礼を受けたから知っていると言ってもいいかもしれません。洗礼を受けるということは、ただキリストと知り合いになっただけではない。パウロの言葉で言えば、キリストと共に死に、キリストと共に生きるのであります。他のパウロの言葉で言えば、イエスと共に死に、イエスと共に生きる、と言うことができます。滅びに至りようがない道にすでに立っているというのです。

私も八〇歳を越えて足元が危うくなりました。食事でしばらく座っていると、からだが固まるのでしょう。食卓から私が立つときに、「どっこいしょ」と言って立ちます。よたよたと歩き出します。妻のさゆりはその姿を見て何度も笑います。「おじいちゃん」と声をかけます。実際、足元が弱くなると、転びます。先月は一度、旅先で転び、転んだときの傷が頬っぺたから消えません。この教会堂に来る途中の横須賀線で、皆がきちんと立っているのに、電車がひと揺れ揺れたときに、私だけコロンと転がりました。年を取ると、肉体の歩みは衰えます。しかし、年は取っても、いや、年を取ってますます鮮やかに分かることは、洗礼を受けた者の足取りは確かだということです。滅びには至らないということです。深い確信を持って、地上のいのちを終えることができる。

実は、昨日、私は、ひとつの校正刷りを持ってきて、宿で読みました。ご自身が障害がある方のようですけれども、永野昌三という詩人の方が、『島崎光正』という本をお書きになった。そのゲラ刷りを私はいただきまして、その書物に添える文章を書くことになっています。ここにおられる渡部長老の命令です。この島崎光正論を改めて読んでおりまして、皆さんにも親しい障害を負った詩人の島崎さんを懐かしく思い起こしました。このところに高い壇を作りまして、そこに車椅子ごと島崎さんを運び上げて、お話を聞いたこともあります。この島崎さんの書いた詩が、永野さんの島崎光正論のなかにいくつも紹介されておりましたが、夕べ、こころ打たれて読み直した詩がひとつあります。とても短い詩です。「石」という題です。

池の水から
あがったばかりのように
種をこぼした草の褥《しとね》の上にすわり
初冬の陽に向かい
石のように抱いていた
「死」の衣を脱ぎそめる

「初冬」というのは「はつ冬」ですね。「陽」は「太陽」です。「池の水から出る」というのは洗礼のことかもしれません。その洗礼の水から上がって、種、み言葉をいっぱい散らしている草の上かもしれません、そこに障害を負った肉体を座らせながら、冬の寒さを溶かすような朝日が昇ってくる。その太陽に向かっている。太陽はしばしばキリストの甦りを意味する。その太陽のぬくもりのなかで、石のように抱いていた死の衣を脱ぎ始める。これはまさに、パウロがここで思い描いている、洗礼によって与えられるいのちに新しく生きるひとの姿を、鮮やかに語っていると言えるかもしれません。

池の水から
あがったばかりのように

種をこぼした草の褥の上にすわり
初冬の陽に向かい
石のように抱いていた
「死」の衣を脱ぎそめる

脱ぎ始めている。皆さんもそうです。ここで洗礼を受ける。いや、他の教会で洗礼を受けてもいい。洗礼を受けた者は、死の衣を脱ぐ。新しいひとを着始めている。これから着るのではない。このところに「情欲に迷わされ」という言葉がありますけれども、だます情欲ということです。

第五章の五節では「貪欲な者、つまり、偶像礼拝者」という言葉を書いています。あなたがたは、かつて、貪欲を神としたではないか。だます情欲によって振り回されていたではないか。しかし、それを脱ぎ捨てた。石のような死の衣を脱ぎ捨てた。石のようなかたくななこころは、今、柔らかくなった。生まれたばかりの嬰児のようになった。そのように生きたらいい。新しいひとを生きるということは、皆さんらしく生きるということです。情欲に振り回されていたら、その自分は、もう自分ではないのです。今は、最も自分らしく生きることができる。島崎さんが一番大事にしたことは、小学校二年生の時に、キリスト者の校長に聞かされた「自分らしく生きなさい」「光正は光正らしく生きたらいい」という言葉です。しかし、ここでは、それだけの意味にとどまらない。あなたは洗礼を受けたではないか。生まれ変わったではないか。そのように生きたらいい。他の生きようがないではないか。不自然な生き方をするな。新しいひとを生きよう。それが最も自然な生き方なのだ。もし、ここにまだ、洗礼を受けておられない方がおられるならば、一日も早く、この幸せな歩み方を始めていただきたい。パウロは、こうして、この後、新しいひとの生き方について、実に鮮やかな見事な言葉を語り続ける。その言葉を、皆さまとさらに聴くことができる日を楽しみにしております。祈りをいたします。

あなたに似た神の子としての新しい生活を、しかし、神に造っていただいた、本当の人間の生活を私どもに与えてくださり、そのあなたの恵みに委ねるのであって、ふしだらな思いに委ねなくてすむ歩みを与えてくださり、心から感謝いたします。私らしく、死ぬまで生きることができますように。肉体の歩みが覚束なくなっても、霊においての歩みが、なおいっそうしたたかであり、柔らかであり、望みに溢れる歩みを続けることができますように。み霊の導きをこころから願い、主のみ名によって祈ります。アーメン

（2009.11.22）

第四章二五―三二節

言葉を吟味しよう

ゼカリア書第八章一三―一七節

だから、偽りを捨て、それぞれ隣人に対して真実を語りなさい。わたしたちは、互いに体の一部なのです。怒ることがあっても、罪を犯してはなりません。日が暮れるまで怒ったままでいてはいけません。悪魔にすきを与えてはなりません。盗みを働いていた者は、今からは盗んではいけません。むしろ、労苦して自分の手で正当な収入を得、困っている人々に分け与えるようにしなさい。悪い言葉を一切口にしてはなりません。ただ、聞く人に恵みが与えられるように、その人を造り上げるのに役立つ言葉を、必要に応じて語りなさい。神の聖霊を悲しませてはいけません。あなたがたは、聖霊により、贖いの日に対して保証されているのです。無慈悲、憤り、怒り、わめき、そしりなどすべてを、一切の悪意と一緒に捨てなさい。互いに親切にし、憐れみの心で接し、神がキリストによってあなたがたを赦してくださったように、赦し合いなさい。

私がここに立ちますときには、エフェソの信徒への手紙を、共にこの日に与えられた神の言葉として聴いております。すでに私どもが聴いた言葉でありますけれども、この手紙のなかに、まことに美しい確かな祈りの言葉があります。それをこの朝、説教者である私から皆さまへの祝福の挨拶の言葉として、改めて朗読いたします。第三章一六節から二一節までであります。

どうか、御父が、その豊かな栄光に従い、その霊により、力をもってあなたがたの内なる人を強めて、信仰によってあなたがたの心の内にキリストを住まわせ、あなたがたを愛に根ざし、愛にしっかりと立つ者としてくださるように。また、あなたがたがすべての聖なる者たちと共に、キリストの愛の広さ、長さ、高さ、深さがどれほどであるかを理解し、人の知識をはるかに超えるこの愛を知るようになり、そしてついには、神の満ちあふれる豊かさのすべてにあずかり、それによって満たされるように。

わたしたちの内に働く御力によって、わたしたちが求めたり、思ったりすることすべてを、はるかに超えてかなえることのおできになる方に、教会により、また、キリスト・イエスによって、栄光が世々限りなくありますように、アーメン。

エフェソの信徒への手紙が書き進められてまいりまして、いよいよ具体的に、キリスト者はどのように生きるか、ということを説いてまいります。偽りを捨てる。怒ったままではいない。盗みを働かず、困っているひとに分けることができるように働く。悪い言葉をいっさい口にはしない。こういう言葉が連なってまいります。

「偽り」。「嘘」と訳すひともいます。「嘘をつかない」「盗みはしない」「悪い言葉は口にしない」。こういう言葉についていろいろなことを言うひとがいます。それは別に聖書に教えられるだけではない。いつでも、どこででも説かれる当然のことではないか。学校の道徳の時間にも教えるだろう。「嘘を言うな」「盗みをするな」「悪い言葉を口にするな」。どちらかというと否定的というか、消極的な教えが連なっているると聴くひともある。いろいろな聴き方があるでしょう。しかし、私どもはこの手紙の言葉を聴き誤ってはならないと思います。

私は説教をするときに、ひとつの手助けとして、プロテスタントの教会の最初に立っています、改革者マルティーン・ルターの聖書を読みます。ルターは聖書をドイツ語に訳すことによりまして、ドイツ語の歴史において画期的な、標準ドイツ語が確立する道を開いたと言われます。そのルターの翻訳を読んでおりますと、彼は「偽りを捨て」という言葉を「偽りを脱ぎ捨てなさい」と訳しています。「脱ぎ捨てる」という言葉は、この前の二二節にも「古い人を脱ぎ捨て」という言葉があります。それと同じ言葉です。実際にこれが書かれているのはギリシア語ですが、同じ言葉です。しかし、考えてみるとおもしろい言葉です。「偽りを脱ぎ捨てる」。ただ捨てるのではない。今まで着ていたものですから、それを脱ぎ捨てなければならない。偽りを装いとしてきた自分が、それを脱ぎ捨てる。古いひとを脱ぎ捨てるように脱ぎ捨てる。そして、この古いひとを脱ぎ捨て、二四節で言うと、「神にかたどって造られた新しい人を身に着け」る。これは洗礼を受けることだということを、すでに私どもも聴いたことであります。ですから、皆さんが洗礼を受けたときに、古いひとを脱ぎ捨てたのです。そのときに、それまで身に着けていた「偽り」という装いを捨てた。もう「偽り」をもって生きてはいかない。古くからの洗礼入会式のやり方に、洗礼を受けたひとに新しい衣を着せるというやり方があるそうです。そのときには、真っ白い衣を着せる。これまでの衣を脱ぎ捨てて、洗礼の水のなかに入ったときに偽りを捨てた。

ルターは、洗礼を受けた者が教会員になるということを大切にしています。ルターはこのところが自分の愛するみ言葉だったようでして、何度か説教をしています。その説教を続けて読みました。そこでルターは何度も繰り返す。洗礼を受けて古いひとを脱ぎ捨て、偽りを捨てた者は、新しい言葉を身に着ける。何よりもその新しい言葉を説教を聴いて学ぶと言っています。何度も説教という言葉を繰り返しています。もう少し厳密に申しますと、説教そのものというよりも、説教の務めということを申します。説教者と言ってもいいかもしれません。説教者によって、自分はいつも嘘を脱ぎ捨てるということを学び直す。

説教者は何をするのか。これも、私どもはすでに、前々回ここで説教をしたときに聴いた言葉でありまして、たとえば、同じ第四章の二〇節の言葉で言いますと、「キリストをこのように学んだ」。そのときにも申しました。「キリストを学ぶ」のです。キリストについて学ぶのではない。「キリストについて聴く」。これも「キリストを聴く」ことだ。キリストを学び、キリストを聴く。それはキリストのなかで教えられることであり、そこで教えられることは、イエスのなかにある、ということです。地上を歩かれ、十字架につけられたイエス、甦られたイエスのなかにある真理を学んだ。説教はいつも、そのようにキリストを語っていてくれる。そのときに、私どもの言葉が変わる。言葉の変革が起こる。二五節では、「わたしたちは、互いに体の一部なので」と付け加えられています。なぜ、偽りを捨て、真実を語るのか。からだの一部だからです。からだというのはキリストのからだということです。教会ということです。

私どもの教会では、洗礼を受けて教会に入会するということを真剣に考えています。単純に洗礼式とは言わず、洗礼入会式と言う。それはキリストのからだの一部になるということです。そういうキリストのからだの一部になっているお互いの言葉が、もう偽りではない、真実を語る言葉となる。そういう言葉に変わっている。まず教会での言葉遣いが変わる。それは教会員だけに真実を語るということではない。「それぞれ隣人に」と言ったときに、教会員に限るというような愚かなことではない。家に帰って、まだ教会員ではない家族に相対したときに、あなたは隣人ではないから嘘をついてもいい、などというような原則は成り立たない。教会の仲間の間で学ぶ真実を語り合う言葉が、私たちが日常を共に生きていく仲間たち、家族たち、職場の仲間たちに対する言葉を変えていく、というのでであります。

今すでに申しております「真実」という言葉は、これももとのギリシア語で言うと、たとえば「イエスのなかにある真理」と言ったときの「真理」と同じ言葉です。だから、嘘を捨て、真理を語りなさい、と言ってもいい。これは日常の言葉のことです。真理を語る。改まってのことではありません。洗礼を受けるとひとが変わる。どこが変わるのか。まず言葉が変わる。

言葉について、とても行き届いたことを教えている新約聖書の文書のひとつは、ヤコブの手紙です。ヤコブの手紙は大変おもしろいのです。ヤコブの手紙を書いたひとも、先生、教師のひとりだったでしょうけれども、そんなに簡単に教師になりたがらないほうがいい、という言葉を書いています。教師というのは、まず何よりも、教会の教師のことでしょう。説教者のことでしょう。説教者になりたがる。気をつけたほうがいい。なぜそんなことを言うのかというと、私たち説教者は言葉を語るからです。言葉を語る代表者だからです。もちろんこのとき、ヤコブは説教の言葉だけを問題にしていません。説教者も含めて日常の言葉のことを考える。

　私どもがここで説教をするときには、きちんと準備をします。どういう言葉を語るか心備えをしてきます。それでもここに立っていて言い違いをしたりすることがあります。余計なことを言ったりすることも起こるでしょう。日常の言葉となると、原稿を書いているわけではありません。夫に対する言葉といって、今日はこういうことを語ることにしようなどと、朝のうちに原稿を書いておくということはない。そのときに思わず口をついて出てくる言葉です。おそらく、一日のほとんどの言葉がそうでしょう。だから気をつけろ、と言うのです。一般に私どもは語るということを容易なことと考えてしまって、「言葉を操る」などと言いますが、ヤコブの手紙は、言葉というのはそんなに操れるものではない、と言う。言葉は操れないものだから、ほんの小さな火が大きな森を燃やしてしまうように、思いがけず口をついて出た一言がとんでもないことを呼び起こすではないか。誰が、自分の一言一句をきちんと整えることができているか。だから気をつけなくてはいけない。「本心がつい出てしまう」というような言い方をしますけれども、本心がそこで問われる。真理を生きているかどうかが問われる。

　そこでエフェソの信徒への手紙は、これらのことを教えてくれる、その仲間と言ってもいい。今朝、与えられた言葉で言えば、その最後に至りまして、こうした教えの基礎にあるものを語ります。三一節からです。「無慈悲、憤り、怒り、わめき、そしりなどすべてを、一切の悪意と一緒に捨てなさい。互いに親切にし、憐れみの心で接し、神がキリストによってあなたがたを赦してくださったように、赦し合いなさい」。

　三一節に「無慈悲、憤り、怒り、わめき、そしり」と五つの言葉が重なって出てきます。こういう五つの悪徳を数えるということは、この時代によく行われていたもので、あとでも登場するものの言い方ですけれども、この五つの悪徳が、ただ並んでいるだけではない。「無慈悲」というのは、まずこころのなかで抱く思いです。容赦しない思いです。ひとを赦さない思いです。その思いが「憤り」になり「怒り」になり、だんだん言葉は激しくなるのです。それがわめきになる。我慢できなくて叫び出すのです。最後に「そしり」。この「そしり」を「呪い」と訳すひともいます。「この野郎！　あの野郎！　殺しちまえ！　死んじまえ！」というような言葉にまでなっていく。それはそのひとの存在の深いところに悪意があるからです。「悪意」と訳されているのは「悪いもの」と言ってもいい。悪そのものがある。私どもはそれをみんな脱ぎ捨てている。洗礼を受けたときにそれを脱ぎ捨てた。脱ぎ捨てて、何が起こったか。

「神がキリストによってあなたがたを赦してくださったように、赦し合いなさい」。ここに訳されている「赦されている」という言葉は、他の新約聖書の文書で「赦す」と訳されている言葉とは少し違っていまして、「恵みを与える」という言葉です。あなたはキリストによって神からキリストの救いを与えられた。恵みを与えられた。だから洗礼を受けた。その恵みをお互いに交わし合いなさい。赦し合いなさい。

　三二節の最初に「親切」という言葉が出てきます。これはその前に出てくる「悪意」との対比で「善意」と言ってもよい。「憐れみの心」。私はこの説教の準備をするときには必ず、恩師でありますす竹森満佐一先生のエペソ人への手紙の講解説教を読みます。竹森先生はここに記されているもとのギリシア語を「健康な腸」と訳されました。おもしろい言葉です。これは一般に簡単な聖書辞典やギリシア語辞典を引くと、そこにすぐには出てこない訳です。ギリシア語の本来のもとの意味を訳して見せたと言ってもいいでしょう。「健康な腸」です。それを竹森先生は言い換えていきます。「腹の底からの愛」。この「憐れみ」と出てきているもとの言葉と言いますか、親戚のような言葉で、たとえばルカによる福音書が「深い憐れみ」「深く憐れむ」というような訳語で、日本語で主イエスのおこころを語っているところがあります。たとえば、ナインと呼ばれる町のそばに来られたときに、その町の門で、やもめの一人息子が死んでしまって、その一人息子のからだを運び出していく葬列に主イエスが弟子たちと共に出会っておられる。そのときに主イエスは深く憐れんで、近づいて来て、母親に「泣くな」と言われた。このとき、主イエスは、同情の思いで腸まで痛む思いになっておられた、とそう理解される。私どもが、すぐに覚えるサマリヤ人の話があります。強盗に遭って、傷ついている旅人。その傍らを通ったひとが憐れんだ。やはりこころ痛んだ。腸が痛んだ。腹の底からの愛をもってその旅人をいたわった。このサマリヤ人は、まず主イエスにほかならないと多くの人びとが理解する。それと同じ意味がここに出てくると考えてよいと思います。

「腹の底からの愛」。竹森先生の言葉は良い言葉だと思います。お互いに腹の底からの愛をもって接する。それはまず教会の仲間の間で起こっていることだ。なぜかというと、腹の底からの神の愛が、私どもを生かしていてくださるからだと、そういうふうに理解いたします。説教者が語り、その語る言葉で学ぶキリストは、その腹の底からの愛に生きられたキリストです。

イエスの内にある真理というのも、腹の底からの愛です。説教の初めに読んだ祈りの言葉で言えば、まさに主イエスの愛の広さであり、深さであり、長さであり、高さであります。それが、偽りを捨てさせるのです。嘘を捨てさせるのです。お互いの顔を見たときに、もう嘘を言う気がなくなるのです。嘘を言って取り繕うことなどできなくなるのです。愛の真実を語らざるを得なくなるのです。そうやって私たちは変わっていくのです。

「怒ることがあっても、罪を犯してはなりません。日が暮れるまで怒ったままでいてはいけません」。私の妻の両親は、その晩年、この教会の教会員にさせていただきまして、ふたりともここに棺を迎えて葬儀をしていただきました。父のほうが先に洗礼を受けました。まだ鎌倉に来る前ですけれども、しかし、もう七〇歳半ばに達してから洗礼を受けました。まだ、東京に住んでおりまして、私が今住んでおります地域の近くにいましたときに、癌を病みまして、かなりひどい癌で、入院をして手術を受けた。その前に、当時関わってくださった牧師が来てくださって、洗礼を授けてくださいました。私はその洗礼入会式に立ち会うことはできませんでした。洗礼が終わったあとで、時間を作って、義父を病床に訪ねた。私は「おめでとうございます」と言ったのですが、その挨拶を聴いているのか聴いていないのか、とにかく私に話したかったことがあるのでしょう、いきなりこう言いました。「加藤さん、聖書にはいいことが書いてある。怒ったまま日が暮れてはいけないそうですね」と言った。さゆりは父のことについて『神の力に生かされて』という、この教会の七〇周年の記念誌のなかに書いておりまして、導きになったのは、先ほど申しました、ヤコブの手紙のなかに「怒ることに遅く」という言葉であったと書いております。そうであるに違いない。その怒りについての言葉をもうひとつここに見つけたのでしょう。病床で見つけたばかりで嬉しくてしょうがなかったかもしれません。「いいことが書いてある」。

母のほうが洗礼を受けたのは、鎌倉に移って来てからです。晩年、娘と一緒に過ごしたいというので、私どもが迎え入れまして、共に生活をするようになりました。父と共に母はここに通うようになりまして、やがて洗礼の決意をした。もう八〇歳を超してのことであります。長老たちの前で信仰を言い表しました。それから問われるままに、なぜ洗礼を受ける決心に導かれたかということをこう言いました。夫が自分に先立って洗礼を受けた。もう結婚して五〇年経ってのことです。すっかり変わった。夫は正義のひとであった。いつも怒っていた。一番その怒りの被害を受けたのは妻である自分だ。しょっちゅう叱られていた。ところが、洗礼を受けたら怒らなくなった。こんなふうに変わるのかとびっくりしたそうです。さゆりは、先ほどの文章のなかで、「怒りは遅く」という言葉を聴いて洗礼を受けながら、その後もそうは直らなかったようだと書いているのですけれども、娘よりも近かった妻は、洗礼を受けて変わったと感じた。洗礼を受けてすぐに変わっていったと申しました。正義のひとです。怒りというのは、正義感から生まれる。しばしば癖になってしまうほど身に着いてしまうものです。まあ、一般に自分が正しいと思っているから怒るのでしょう。自分が正しくないと思っているときの怒りの炎は怪しいものです。すぐに消えかかるものだと思います。自分が正しいと思っているから、怒り続けるのであります。しかし、その怒りが本当に隣人を生かし続けるのか。最も近い隣人である妻を殺し続けている。五〇年間、息の詰まる思いをさせていたのです。五〇年経ってほっとしたのです。神の恵みというのはそれほどの力を持つということに圧倒されて、義母は洗礼を受けた。

　私たちは、実際、一〇年以上、ふたりとも九〇歳を超えて召されるまで、共に生活をしましたけれども、父が怒った姿を見たことがありません。柔和そのもの。九〇歳を超えてなお、鎌倉の市役所と連絡を取りながら、鎌倉市内のお年寄りを訪ねておりました。訪ねるお年寄りは、ほとんど自分より年下でした。年下のお年寄りを訪ねて、目の不自由な方のところに行って、手紙を読んであげ、代筆をしてあげる。かなり弱くなるまでは、長く訪ねていた東村山の全生園まで出かけて行きまして、ハンセン病で悩んでいるひとたちの傍らに居続けたひとであります。変わる。自分の正義というのは、自分の怒りでは成り立たないということを知ったのであります。

　教会はキリストの学校だ。そのようにエフェソの信徒への手紙第四章二〇節、二一節を説明したマルクース・バルト先生のことを前回お話ししました。マルクース・バルト先生の注解書も読みました。「日が暮れるまで怒ったままでいてはいけません」というところを、バルト先生はこんなふうに訳しました。われわれが読んでいる新共同訳ですと、「怒り」という言葉が二六節に二度出てまいりますけれども、これも原文のギリシア語では違う。あとのほうに出てくる「怒り」は、「怒り」と訳してもいいし、日本語では他の言葉でなかなか訳しにくいかもしれませんけれども、ここであえて申しますならば「怒りの気分」というか「怒りの気持ち」です。バルト先生はこう言っております。人間は腹を立てると口もききたくなくなる。ひとの顔も見たくなくなって部屋に閉じこもってしまう。部屋に閉じこもることができないで、ひとのなかにいるとふくれっ面をしている。あまり長い説明を聞かなくてもみんな身に覚えがある。口なんかきかない。むっとした顔を、妻の前に曝し続けた。そういう経験を持たない夫はここにはいないだろうと思います。人間というのはそういうところがあるのです。むっとしてしまうのです。俺のほうが正しい。でも、ここで口争いとなると、どうもこの女には勝てない。黙っている。バルト先生もそんな思いを知っているのでしょう。そんなふうなことを少し説明なさったあとで、そういう怒った気分の上に太陽が沈んだら困ります。怒ったままで太陽が沈む。まるで自分の上に太陽が沈むように訳しておられます。しかし、よく分かります。怒りの思いに、落ち込んだままで、その自分の上にのしかかってくるように太陽が沈む。それでは困るだろう。それでも洗礼を受けているのか。怒りのこころも脱ぎ捨てたはずだ。自分こそ正しいと言って、あたりの者を、かたっぱしからなで斬りにしてしまうような思いを脱ぎ捨てているはずだ。

それと重なるように「盗みをするな」という言葉が出てまいります。ちらっと書くひとがおります。「ほほう、エフェソの教会には泥棒がいたようだ」。何となく自分たちの教会にはいないぞという思いがあるのかもしれません。「貪欲」という言葉が三節から出てまいります。「貪欲」と「盗み」というのは結びつきます。むさぼる思いというのは、ひとのことを考えないで、自分の利益を得ることのみ考える。それも盗みのなかに入っていると言ってもよいかもしれません。しかし、盗みにこだわるよりも、ここで私どもがこころに留めなければならないのは、「労苦して自分の手で正当な収入を得、困っている人々に分け与えるようにしなさい」という言葉です。私は牧師としてこの言葉をよく思い起こします。いろいろな方から相談を受ける。また、こちらから勧告をしなければならないことがある。牧師だったならば言う。悪いことをしてお金を手に入れる。そんなことよりも、まともに働きなさい。その次に何と言うか。せめて、自分の食い扶持ぐらいは、あるいは家族がいますならば、自分と家族を養うことぐらいは自分でやりなさい。けれども、このエフェソの信徒への手紙はそうは言わない。正当な収入を得ている者は、困っている人びとに分け与えるものだと言うのです。私どもは、キリスト者になっても、このことがよく分かっていないかもしれません。献金するのは余ったときのこと。まして、人びとに何らかの意味で助けになるようなお金を送ったりするようなことは、よほど余裕のあるときでないとやらなくていいこと。外国で災害が起こった。募金が始まる。知らん顔をしている。けれどもここでは、困った人びとに分け与えるということは、まともに働いている者の当然の行為であると言います。すでに旧約聖書においては、神に献げるのは初穂だと、最初の収穫だと記されていました。私も若い頃から教えられた。収入があったら、支出をするときに、第一に献金を置きなさい、と。第一にこれは必要なひとに献げるお金にしなさい。むしろ、そのあとで、自分たちの生活を支える支出を考えなさい。

ある注解書を読んでいたら、その注解書は「労苦」という言葉について触れておりました。「労苦」という言葉を読んでいると、奴隷のことを考える。エフェソの教会にも奴隷がいたに違いない。奴隷というのは無収入であっただろう。しかし、労苦に次ぐ労苦を強いられたであろう。その奴隷もまた、こういう言葉を聴いただろう。むしろ、そういうときに、その奴隷こそ、人びとのために働くということを身に染みて教えられたに違いない。むしろ、そこから始まっている。なるほどと思いました。「悪い言葉を一切口にしてはなりません」。これもルター訳で読みますと、「腐った言葉」と訳してあります。実際、もとのギリシア語にそういう意味があるようです。聖書のなかにも、たとえば、悪い木は悪い実を結ぶという主イエスのお言葉があります。そういうところでも使われています。木が腐っていると、その実も腐っている。魚が腐っているときにも使われるようです。

かつてもお話ししたことがあります。私は金沢で最初の伝道生活を始めた。一九五六年、就任しましたときに、同じ石川県の能登半島の先で、金沢よりももっと伝道の厳しい輪島というところがあって、その輪島教会に同志社の神学部を出て赴任なさった松本先生がおられた。初めてお会いした方ですけれども、すっかり仲良くなりました。その先生から伝道集会の講師として来てもらいたいというお話がありました。私は、最初、断った。神学校を出たばかりの私のような者を招いて伝道集会をしたって、誰も来やしない。「加藤常昭? 何者ぞ」と誰も知りゃしない。「そんなこと構わんから来い」と言われました。仲良しで、熱心に勧められて、出かけることにしました。そのときに、ちょうどルター訳で読んでいたものですから、このところで説教をしようと思って、「腐った言葉と良い言葉」という説教題にした。輪島の駅に着きました。一所懸命に伝道をしておられる。ポスターを何枚も作っておられまして、駅を出たところから「腐った言葉と良い言葉　講師　加藤常昭」。私は恥ずかしくって、うつむいて教会堂まで行ったことを覚えております。何とも面映い、困った思いがありました。時間になったのですけれども、教会員が十何人かいるだけで、初めての方なんかいない。やっぱり来なかったなと、本当に申し訳ない思いがありました。しかし、先生はにこにこしながら「時間が来ましたから、加藤先生、始めますよ」と言った。集会が始まって間もなく、なっぱ服というか、明らかに働くひとの労働着を着た坊主頭の青年が来た。そこの教会は、わら草履をスリッパ代わりに使っておりました。そのわら草履をぱたぱた音をさせながら入ってきた青年がいる。一番前に座りました。すとんと座りました。初めての方だとすぐ分かりました。私はもう他の方は無視しました。

その青年だけをじっと見ながら、「あれ、まだ分かっていないのかな」と思ったりしながら、一所懸命、その顔を見続けながら話をしました。初めてやって来た教会で、若い教師にじっと睨まれて話を聴かされて、どんな思いだったろうと思います。終わってから、教会員は、すぐには青年を帰さない。すぐに、ストーブの脇に連れて行って、お茶だ、お菓子だ、と出しまして、十何人の教会員が取り囲んで話をした。その青年は臆せずこう言いました。自分は輪島塗を学んでいる。ある職人の弟子だと。ところがどうも同じ弟子仲間と仲が良くない。今日も夕食の時に言い争った。皆さんもお分かりでしょうけれども、口争いをしているときに、自分が惨めになってくる。嫌になってくる。それで食事の後、どうしてもそのまま言い争った仲間と同じ部屋にいることができなくて、ぷいと外に出た。そうしたら、至るところに、「腐った言葉」とある。「ああ、そうだ」と自分で思ったそうです。私の言葉は腐っちゃっている。どうしたらいいかと思って、ここに来たと、正直な話をなさいました。

何十年か経って、私は金沢に行きまして講演をしましたら、輪島教会の長老たちが何人か講演会に来ておられました。挨拶のときに、私が「あの青年」と言いかけました。「ああ、あの腐った言葉の青年ですね」と言われました。「ずっと教会に来続けましたよ。輪島に長くいることになって結婚までしましたよ。でも、いろいろな事情があって礼拝には来てはいましたが、洗礼を受けるまでには、どうしても行かなかった。残念ながら若くして亡くなりました。しかし、もう教会員同様のひとでした」という報告をしてくれました。忘れ難いたいことであります。私の最初の伝道集会の最初の実りが、「腐った言葉」というみ言葉から生まれた出来事でした。

「腐った言葉」でない、「良い言葉」とは何か。「聞く人に恵みが与えられる」言葉だとあります。

すでにここに「恵み」という言葉が出てまいります。聴いているひとに恵みが聴こえてくる。もちろん、語っている者の恵みではない。語っている者を生かしている神の恵みです。それが滲み出てくる。「腐った言葉」は「腐った根性」から生まれてくる。お腹のなかの具合が悪くなれば、残念ながら、口から出てくる匂いも悪くなる。しかし、腐った根性が恵みによって癒されたときに、そこから出てくるのも恵みになり、そのひとを「造り上げる」のに役立つ。「建て上げる」という言葉です。大工が家を造るように。私どもの言葉は、特に怒りに狂った言葉は、相手をなぎ倒そうとする。せっかく立ち上がろうとしている者を、叩き崩す言葉になります。相手が崩れるまではののしりにののしりを重ねます。しかし、私どもが変えられたときに、子どもを、夫を、妻を建てる言葉を語るように変えられる。私どもの力によるのではない。恵みを伝える言葉に変えられるからであります。

しかも、ここで大切なことを言っている。「必要に応じて」です。不必要なお喋りをするな、と言っているのです。本当に聖書というのは行き届いた言葉を語ります。その前のところにも、困ったひと、必要なひとに分け与えるとあります。必要でもないひとに、押し付けるようなプレゼントをすることはない。ここでも押し付けるようなお説教はしない。神の恵みの言葉が必要なひとの傍らにあって、私どもの言葉が恵みによって用いられることを望む。

特にここで私どもの胸を突くのは、どうしてそうするのかというと、「神の聖霊を悲しませてはいけない」からだと言います。こんなことまで考えることがあるでしょうか。皆さんが日々言葉を語っているときに、「あっ、しまった」と思ったときに、神の霊が悲しんでいてくださるということをお考えになることがあるでしょうか。ここでは、ただ自分の名誉を損なったとか、キリスト者としてプライドが傷つけられたとか、そんなことではないのです。神の霊が悲しんでおられるのです。

このエフェソの信徒への手紙は、最初から神の霊について語ってきております。教会が建ったのは、神の霊のわざであります。神の救いのご計画を実現する神の霊であります。ここでも、神の霊が悲しむ。なぜかというと、「あなたがたは、聖霊により、贖いの日に対して保証されているのです」。必ず、私どもの救いの完成がなされる時が来る。必ずあなたがたは救われる。その保証は私だと、神の霊が働いていてくださる。それが教会を造っていてくださる。キリストのからだとして私どもを生かしていてくださる。その神の霊が、「なぜ、そんな言葉を語るのか」と、私どもよりも先に痛みを覚えられる。

私どもが聴き逃してきた言葉に「悪魔にすきを与えてはなりません」という言葉がありました。神の霊が悲しむときに、ほくそ笑む者がいる。それは悪魔だ。使徒言行録第二〇章に、パウロがミレトスの港にエフェソの教会の長老たちを招いて語った言葉があります。長老たちの心得を語ったものとして、私どもが繰り返し聴くものです。パウロはそこで教会の長老たちに、もしかしたら、これからエルサレムに行って殺される思いがあったからでしょう、遺言を語った。教会のことをよろしく頼む。狼どもが教会を狙っている。だから、狼どもの侵入を防ぐように長老たちは戦わなければならない。狼はあなたがたのなかにもいるかもしれない。あなたがたも悪魔に魅入られてしまうかもしれない。何よりも言葉において、悪魔にこころ奪われていることが明らかになる。そこでもパウロは言葉について注意をしています。

悪魔はわれわれの言葉を盗もうとしている。聖霊はそれを一所懸命に防いでいてくださる。そのことを私どもがこころに留めたときに、私どもは憤りに身を任せることなどできなくなってしまう。何でもないことを語っているようですけれども、神の大きな恵みが、私どもの小さな日常の言葉に、どんな輝きを与えてくださるかということが、ここで見事に語られているのではないだろうか。私どもの口をついて出る言葉に、改めてこころを注ぎたい、とこころから願う。私どもの言葉がすでに神によって、キリストによって、きよめられている、その恵みの確かさに立ち帰りたいと願う。夜、床につくときに、まだ、怒り狂っているのであるならば、大急ぎで神のもとに帰らなければならない。悪魔が飛び込んでくる前に。神の霊を悲しませてしまったことを、こころからお詫びをしなければならない。これは私どもに与えられている大きな恵みに生きるわざであります。

皆さまの一日一日が、というよりも、一言一言が、祝福の言葉に変えられていきますように。自分の小さな言葉が、恵みによって用いられることに、ずっと後になって気が付く幸いを知ることができるように。そのことによって、皆さまと共に生きている隣人、家族一人ひとり、日々触れる職場の仲間、共に生きている方たちが、その恵みを知ることができる奇跡が起こるように。こころから聖霊の導きを願います。祈りをいたします。

洗礼を受けるという、大きな恵みを数えることができ感謝いたします。まだ古いひとの偽りが私どもの唇の端に留まっているならば、すぐにそれをぬぐい去ることができますように。自分の怒りを正当化することなく、あなたの裁きの確かさと、あなたの救いの確かさに立ち続け、私も赦されているのだから、あなたも立つことができるとの恵みの招きの言葉を語り続けることができますように。小さなわざが、小さな言葉が、あなたの、キリストの愛の大きさを証しする器となることを、いつも喜びとすることができますように。どうぞ、鎌倉雪ノ下教会をきよめられた言葉の集いとして祝福し、導いてください。教会のかしらである主イエス・キリストのみ名によって感謝し祈ります。アーメン

（2010.1.17）

第五章一―二〇節

キリストがあなたを照らす

イザヤ書第六二章一―七節

あなたがたは神に愛されている子供ですから、神に倣う者となりなさい。キリストがわたしたちを愛して、御自分を香りのよい供え物、つまり、いけにえとしてわたしたちのために神に献げてくださったように、あなたがたも愛によって歩みなさい。あなたがたの間では、聖なる者にふさわしく、みだらなことやいろいろの汚れたこと、あるいは貪欲なことを口にしてはなりません。卑わいな言葉や愚かな話、下品な冗談もふさわしいものではありません。それよりも、感謝を表しなさい。すべてみだらな者、汚れた者、また貪欲な者、つまり、偶像礼拝者は、キリストと神との国を受け継ぐことはできません。このことをよくわきまえなさい。

むなしい言葉に惑わされてはなりません。これらの行いのゆえに、神の怒りは不従順な者たちに下るのです。だから、彼らの仲間に引き入れられないようにしなさい。あなたがたは、以前には暗闇でしたが、今は主に結ばれて、光となっています。光の子として歩みなさい。――光から、あらゆる善意と正義と真実とが生じるのです。――何が主に喜ばれるかを吟味しなさい。実を結ばない暗闇の業に加わらないで、むしろ、それを明るみに出しなさい。彼らがひそかに行っているのは、口にするのも恥ずかしいことなのです。しかし、すべてのものは光にさらされて、明らかにされます。明らかにされるものはみな、光となるのです。それで、こう言われています。

「眠りについている者、起きよ。

死者の中から立ち上がれ。

そうすれば、キリストはあなたを照らされる」。

愚かな者としてではなく、賢い者として、細かく気を配って歩みなさい。時をよく用いなさい。今は悪い時代なのです。だから、無分別な者とならず、主の御心が何であるかを悟りなさい。酒に酔いしれてはなりません。それは身を持ち崩すもとです。むしろ、霊に満たされ、詩編と賛歌と霊的な歌によって語り合い、主に向かって心からほめ歌いなさい。そして、いつも、あらゆることについて、わたしたちの主イエス・キリストの名により、父である神に感謝しなさい。


多くの教会において、礼拝で祝福の言葉として読まれるのは、フィリピの信徒への手紙第四章四節から七節までであります。教会がいつも用いているよりも少し長く読みますが、このパウロの祈りをもって、今朝の説教者として皆さまに送る祝福とします。

主において常に喜びなさい。重ねて言います。喜びなさい。あなたがたの広い心がすべての人に知られるようになさい。主はすぐ近くにおられます。どんなことでも、思い煩うのはやめなさい。何事につけ、感謝を込めて祈りと願いをささげ、求めているものを神に打ち明けなさい。そうすれば、あらゆる人知を超える神の平和が、あなたがたの心と考えとをキリスト・イエスによって

守るでしょう。アーメン

私がここに立ちますときには、エフェソの信徒への手紙を少しずつ聴いて、み言葉としてこころに留めております。クリスマスの挨拶をくださったある方が、「エフェソの信徒への手紙を説いてくださってありがとう。私にとってエフェソの信徒への手紙はかけがえのないみ言葉となりました」と書いてこられました。「かけがえのない言葉」。その方以外の方たちにとっても、この手紙の言葉をこころに積み重ねてこられたと思います。少しずつと言いましたけれども、実際には少しずつではありません。来月の最後の主の日に、この第六章の最後まで聴き終わることにしていますから、少しずつどころか、大づかみに区切って聴いていると言わなければならないかもしれません。残念だとも言えます。今朝、私どもが聴きました言葉のなかにも、一節だけ取り上げてよく考えてみるならば、たくさんの恵みが聴こえてくるかもしれないところがありますが、それができない。しかし、大きな区切りで読むことにも、またそれなりの恵みがあると私は思います。

聖書を読む。聖書を理解する。聖書を学ぶ。それにはいろいろな意味がありますけれども、ひとつ、とても大切なことは、聖書が教えるものの考え方、あるいは、ものの見方を身に着けることです。先ほどの手紙をくださった方のように、エフェソの信徒への手紙が遠いものではなく、自分にとってかけがえのないもの、親しいもの、近しいものになるということは、エフェソの信徒への手紙が考えるように考える、エフェソの信徒への手紙がものを見るようにものを見る、ということでしょう。特に私どもにとって大事なことは、ものの見方です。私どもが見るものは、いろいろと分けることができると思います。何よりも大切なことは、神とはどういう方であるかをよく知ることです。もうひとつは、自分が生きている世界、この世界がどんな世界であるかを、よく見て理解することです。世界の見方を覚える。そしてまた、これもとても大切なことですが、自分自身をどう見るか、自分をどんな人間と見るかということであります。その点では、今朝与えられているみ言葉は、とても豊かな言葉を聴かせてくれますし、あるいは、大きな問いを投げかけていると言うこともできます。

第五章一節に「あなたがたは神に愛されている子供ですから、神に倣う者となりなさい」とありました。「神に倣う者」「神に学ぶ者」「神に似た者」「神にふさわしい者」、いろいろと言い換えることができますけれども、ここには、皆さん一人ひとりが、神に倣うことができる者なのだと、はっきり記されています。ある教会で、このみ言葉に集中して説教をしたことがあります。礼拝が終わりましたら、いささか、いかつい顔をした、少し年配の、私よりもからだの大きいがっしりした男性が、にこにこして、もうくしゃくしゃになったような顔をして、私のところに来て、「先生、この僕がね、この僕がね、神さまに似ているんだね。この僕がだよ」と言われた。何かとてもびっくりしたような、それでいてとても嬉しい顔をして、帰って行きました。私も、「そうです。あなたが神さまに似た者とされている。神に倣って生きられるんだから」と言って、別れました。

なぜ、神に似ているのか。「神に愛されている子供ですから」。あなたは子どもなのだから。ただ「子」というのではなくて「子供」と訳すところに、ひとつの味わいがあるでしょう。本当に親しい父として、神を仰ぎ見るようになった。神を見る見方が変わり、私自身についての見方が変わる。

三節には、こう記されています。「あなたがたの間では、聖なる者にふさわしく、みだらなことやいろいろの汚れたこと、あるいは貪欲なことを口にしてはなりません」。ここには、前回すでに学んだこと、聴き取ったことに続き、私どもの言葉について、まだ教えています。第四章二九節に「悪い言葉」、これは「腐った言葉」とも訳するとも言いましたが、もうわれわれは、腐った言葉を吐かなくなった。ここではみだらなこと、貪欲なことを口にしなくなった。なぜか。それは、あなたがたは「聖なる者」だからだ。「聖徒」「聖人」と言ってもいいのです。聖なる者であるあなたがた自身にふさわしくないからだ、と言うのです。

同じことを記している四節は、こうです。「卑わいな言葉や愚かな話、下品な冗談もふさわしいものではありません。それよりも、感謝を表しなさい」。ある翻訳を読んでおりましたら「馴染まない」と書いておりました。下品な冗談はあなたに馴染まない。私どもが、ひどくつまらない冗談、ここには「下品」と書いてあるので、ただ笑わせるだけではなくて、品のない言葉、卑猥な言葉とつながっているようなことを言う。そのときに、私どもは、もしかすると間違って、そういう言葉こそ、人間らしい自然な言葉だと思ってしまう。キリスト者になると、いささか堅苦しい、人間離れをした生活を強いられると、間違って考えてしまうひともありますが、ここでは、なぜ、そんな下品な冗談を言わなくなるかというと、あなたに馴染まないだろう、と言う。あなたらしくなくなってしまう。

八節は語ります。「あなたがたは、以前には暗闇でしたが、今は主に結ばれて、光となっています。光の子として歩みなさい。――光から、あらゆる善意と正義と真実とが生じるのです」。私どもは光の子なのです。私どものいるところが光を放つのであって、周囲は闇であっても、私どものいるところでは光が現れてくる。そのように語ります。改めて、自分を点検せざるを得ないかもしれません。

ここでも暗い闇のなかに沈むようなこころは、もう私どもには馴染みのないものだからといって、捨てることができます。

ところで、一一節には、「実を結ばない暗闇の業に加わらないで、むしろ、それを明るみに出しなさい」という言葉があります。この「明るみに出しなさい」という言葉が思い起こさせるのは、マタイによる福音書第一八章です。主イエスが教会のなかで間違いを犯したひとに対して、どのように接したらいいかということを、とても丁寧に教えてくださいました。マタイによる福音書第一八章一五節です。「兄弟があなたに対して罪を犯したなら、行って二人だけのところで忠告しなさい。言うことを聞き入れたら、兄弟を得たことになる」。福音派の教会で用いられている新改訳では、こうなります。「また、もし、あなたの兄弟が罪を犯したなら、行って、ふたりだけのところで責めなさい。もし聞き入れたら、あなたは兄弟を得たのです」。こちらでは「責める」と訳されている「忠告する」という言葉と、このエフェソの信徒への手紙が「明るみに出す」と訳している言葉は、同じギリシア語であります。闇のなかにうずくまっているひとのこころのなかにある闇を、ただ暴き出すというのではない。むしろ、そこに光を当てて、そのひとを闇から引っ張り出してあげるのです。

一三節以下では、こう言います。「しかし、すべてのものは光にさらされて、明らかにされます。明らかにされるものはみな、光となるのです。それで、こう言われています。『眠りについている者、起きよ。死者の中から立ち上がれ。そうすれば、キリストはあなたを照らされる』」。私どもが光であるということは、私どもに触れる人びとを明るみに立たせてあげることができるほどの光なのだと、この手紙は大変明確に語ります。このように読んでまいりますと、そのあと一五節に、こう語られていることもよく分かります。「愚かな者としてではなく、賢い者として、細かく気を配って歩みなさい」。これも新改訳でも読みます。「そういうわけですから、賢くない人のようにではなく、賢い人のように歩んでいるかどうか、よくよく注意し……」。私どもが賢く、細かい気配りができるようにされているからです。そうされているからです。この光について語る言葉と、今の知恵について語る言葉のなかに、一四節に分かち書きにしてある、括弧のなかに書いてある言葉があります。一四節です。「明らかにされるものはみな、光となるのです。それで、こう言われています。『眠りについている者、起きよ。死者の中から立ち上がれ。そうすれば、キリストはあなたを照らされる』」。

明らかに引用文です。ただしこれは、たとえば、こういう引用文の場合には、旧約聖書に、この言葉があるかと思って探しますけれども、ありません。明らかに引用文なのですけれども、どこから引用されたのか分からない。しかし、いずれの注解書を調べてみても、当時歌われていた賛美歌ではないかと推測しております。

「起きよ。死者の中から立ち上がれ」。眠りについている者よ、と呼びかけている。死んでいるという意味です。死んでいるひとに、「起きろ」と歌う歌です。考えてみるとおもしろい歌です。おもしろいというか、不思議な歌です。愛する者が亡くなります。息をしなくなります。私も自分の父が息をしなくなったからだを見て、恐れおののいたことがあります。揺さぶって、「お父さん、お父さん」と呼ぶ。できることなら、子どもたちの呼び声で、目を覚まさせてやりたいと思って叫ぶけれども、虚しいことです。まるで、そんな歌のように聞こえます。しかし、ここでは確信を持って歌われます。死んでいる者に向かって、起きなさい、死者のなかから、もう一回立ち上がりなさい、と歌う。明らかに、これは伝道の歌と考えることができる。罪の死のなかにある者を呼びさます歌だと考えることができます。

パウロのある手紙を読みますと、獄中にあるパウロが、自分の伝道者の仲間であったと思われるデマスという男が、パウロを捨てていなくなったということを、悲しそうに書いている文章があります。英国の説教者のジェームス・ステュワートというひとが、このデマスのことについて説教をしました。私どもにとって、他人事ではなかったからです。テモテへの手紙二第四章一〇節です。「デマスはこの世を愛し、わたしを見捨ててテサロニケに行ってしまい、クレスケンスはガラテヤに、テトスはダルマティアに行っているからです」。そのテサロニケで、この歌が歌われていたのかもしれませんし、あるいはデマスがさらにエフェソに行ったのかもしれませんが、ステュワートは、たぶん、デマスが行った先でこの賛美歌を聞いたのだろうと、いかにも伝道者らしい推測をしています。そして、おそらくデマスはこの歌に導かれて、もう一度目が覚めて、教会に戻ってきたのではないかという、明るい望みすら語ります。そうなると、これはただ罪のなかで、恐れおののいて、愚かに、淫らに、貪欲という偶像に溺れてしまっているひとたちを呼び覚ますだけではない。一度、信仰者になり、伝道者にさえなった男が、また、闇のなかに埋没しそうになったときに、この歌がどこからか聞こえてくる。ステュワートはデマスが町を歩いていて、どこかでキリスト者が集会をしていて、この賛美歌を歌うのに気がつく光景まで思い描いています。

「死者の中から立ち上がれ。そうすれば、キリストはあなたを照らされる」。キリストの光があなたを照らしている。キリスト者とは、このキリストの光のなかに立って生きる者だという。私ども自身が誰であるかということが、ここに繰り返し繰り返し、ほとんど執拗なほどに語られていることに気がつかされます。

すでにここで、週報でも報告されたと思いますが、この教会をとても愛してくださいました、私の恩師でありますし、私の親友でもありました、最後はハイデルベルクの教授をなさったルードルフ・ボーレン先生が、今月一日に天に召されました。昨年の暮れから病院に入りまして、私はときどき、病状の報告を聞き、この三月に九〇歳の誕生日を祝われるはずであったものですから、回復を願いましたけれども、遂に召されました。たくさんの思い出が溢れております。この先生のいろいろな印象深い姿を思い浮かべますが、この先生のお宅に泊めていただいて、食事にあずかることがいったい何回、何百回であったであろうかと思うほどですが、夕食の時にとても印象深いことがあります。

夕食が終わってからです。ドイツでは、夕食が終わって、どんどん勝手に食卓から立っていくわけにはいきません。「ごちそうさま」とテーブルマスターが言わない限り、終わらないし、そこで、必ず、食後の祈りをいたします。ボーレン先生はある時から、この食後の祈りに、私どもが三要文、礼拝でも唱える、十戒と使徒信条と主の祈り、順序は使徒信条から始めることもありますけれども、この三要文、三つの大切な文章というものを、ボーレン先生は、必ず、食後の祈りに唱えられるようになりました。そのときの順序は、主の祈りから始まって、使徒信条になって、十戒で終わる。しかも、十戒は私どもが唱えるような簡単なものではありません。ボーレン先生は、旧約聖書の出エジプト記第二〇章の一節から一七節まででありましたか、長い文章を一言一句漏らさず暗唱しきる。私と奥様のウルズーラと先生の三人で祈る。私とウルズーラさんは使徒信条で脱落する。十戒の初めのほうだけ言えますけれども、あとは覚えていない。ときどき呆然とするほどですけれども、ボーレン先生はひとりで、ぼそぼそぼそぼそぼそと祈りきる。終わりまで一気に唱えられます。八〇歳を超しても、この記憶力に衰えることはなかった。

こういう信仰の事柄を述べる三つの言葉を祈りとするのは、これは昔からの伝統でありまして、たとえば、改革者ルターも使徒信条を毎日の祈りとしたようであります。ボーレン先生が、最初に日本に来られたときに、東京神学大学で講義をなさいました。そのときに、先生が校内のゲストハウスに泊まっておられて、私が迎えに行きました。出てこられたところで、ひょいと見上げますと、学生寮の建物が見える。「あの建物は何か?」と言われたので、「あそこで学生が寮生活をしている」と言いました。授業が始まりました。まだ、初めての来日で、私も通訳に慣れていないものですから、ボーレン先生に何度も頼んでいたことは、私に渡した原稿以外の話はしないことでした。よく、大学の先生は、いわゆる脱線をします。脱線をしたときに、通訳が行き詰まるととんでもないことになりますから、私を困らせないでくれ、と言いました。その度に、にこにこと「分かったよ、分かったよ」と言っておられましたけれども、すぐに脱線しました。脱線してこういうことを言われたのです。「今、学生寮を見てきた。寮に住んでいる学生諸君は、あそこで朝起きたら祈りをするだろう。明日からの祈りの時に、覚えていたら、私の忠告に従ってもらいたい。祈りの時に、使徒信条を唱えなさい。使徒信条を唱えたら、その使徒信条の光のなかで、今日会うひとたちのことを思い浮かべなさい。一日が終わったら、また祈りなさい。そのときに、もう一度使徒信条を唱えてごらんなさい。使徒信条を唱えながら、今日一日、会ったひと、思っていた通りに出会うことができたひと、思いがけず出会ったひとに、どんなふうに出会ったかを思い起こしてごらんなさい」。これは通訳をしていながら、私にとっても、とても印象深い言葉でした。使徒信条を唱える。神の救いのみわざを、そこで思い起こす。神の創造のみわざを思い起こす。その神のみわざのなかで、生き始める自分の生活であることを思い、その思いを抱きながら出会うひとたちを見る。使徒信条を唱えるところで見る。その光のなかで自分を見る。その自分を見るまなざしでひとを見る。これはボーレン先生がよく言われたことで、特に、牧師、説教者になるひとは、キリストのまなざしをもって、教会員を見る、求道者を見る、自分と出会うひとたちを見ることを、徹底的に学んでほしいと、よく言われました。キリストがご覧になるように相手を見るのです。キリストのみわざを、信仰の言葉を言い表す、そのこころで、もしかすると、会いたくないなと思っているひとに会わなければならないそのひとのことを、すでに思い起こして備えをするのだ、というのです。

もうひとつ先生の話を申しますと、ボーレン先生が書かれた書物で、私が訳しましたものに『天水桶の深みにて』という本があります。「天水桶」というのは、雨水を貯める深い、暗い、水槽のことです。言ってみれば、「闇の底のなかで」というような意味です。「天水桶」ですから、雨水が入ってくるのですが、光は射す。この書物は、私は、この先生の信仰も人柄も神学も、凝縮されて表されている最も素晴らしい本だと思っております。ボーレン先生の訃報が伝わりましたら、メールがたくさん来ました。手紙もいただきました。何人かの方たちは、ボーレン先生から受けた恩恵について語ってこられました。そのなかでもきわだったのは、この『天水桶の深みにて』を読んで、自分が立ち直った、慰められたということを改めて書いてきてくださったひとたちです。ある牧師の夫人がおられます。まだ完全には回復しておられませんけれども、若くして結婚をして、直後にこころの重い病に捕らえられました。これは本当に、私も一緒にこころ痛め続けたことでありまして、しばらく夫である牧師は、教会の務めに就くこともできなかった。しかし今は、実に見事に回復をしてきて、牧師の妻として働き始めておられます。よく、あの重いこころの病から立ち直ったと思いました。その方が、短いけれども、とても美しい手紙をくださいました。そこに、『天水桶の深みにて』を読んだとありました。そこで、自分の立ち直りが始まったと書いてくださった。

『天水桶の深みにて』のなかでボーレン教授は、自分の最初の妻がうつ病になりまして、最後に自殺をなさった経緯を書き、自分がそのことによってどんなに深い痛みを得て、ボーレン先生ご自身がこころを病んだかということを正直に書いておられます。そこから、どうして立ち上がったかということを報告しておられます。そのきっかけとなったのは、聖書を暗記することです。聖書の大事な言葉を暗唱するほど、こころに刻むということです。もうひとつは、カテキズムを覚えるということです。ハイデルベルク信仰問答という、とても素晴らしい信仰問答、皆さんの多くの方が知っておられる信仰問答を一所懸命に覚えた。大学の先生が、子どものように覚えた。

自分の親しい友人が亡くなった。しばらくしてその妻を訪ねた。慰めてあげようと思った。その妻にも慰めになると思って、ハイデルベルク信仰問答の問一を暗唱し始めた。「あなたにとって、生きているときにも死ぬときにも、ただ一つの慰めは何ですか」という問いに始まる。答えは「私が身も魂も、主イエス・キリストのものであることです」ということから始まって、問一に対する答えが続いていきます。主イエスが、どのように自分を贖って、救いのなかに置いてくださったか。

その先のところで、ボーレン先生は、「あれ、ちゃんと暗唱できないな」と思ったそうです。言いよどんでしまった。きちんと覚えていないではないか。そう自分を咎めながら、やっとの思いで、暗唱し終えた言葉、それは次の言葉です。「それゆえに、イエス・キリストは、私にも、その聖なる霊を通じて、永遠のいのちを確信させてくださり、このいのちはいつまでも、キリストによって生きることをこころから喜び、それに備える者としてくださるのです」。イエス・キリストが聖霊によって働いて、自分がイエス・キリストによって永遠のいのちに生かされる。いつも、それに備えて生きることができるようにしてくださることだ。この聖霊のみわざについての言葉を、言いよどんだのです。

このエフェソの信徒への手紙は、一八節に、「むしろ、霊に満たされ」とあります。聖霊に満たされる。聖霊が私を生かす。私にとって、唯一の慰めは、ただイエス・キリストのものであること。そのために主イエスは、救いのみわざを果たしてくださったのだけれども、それが自分のなかの出来事になる。自分自身のなかのこととなる。それを信じないと意味がない。その書物のなかでも、ボーレン先生が改革者カルヴァンの言葉を引用しておられます。たとえば、使徒信条で、イエス・キリストがどんな救いのみわざを果たしてくださったかということを語ってくださる。しかし、それは、私の外での出来事です。私の外での出来事。その外での出来事が、私のなかでの出来事にならない限り、それは私に何の益ももたらさない。関係ない。イエス・キリストという方が何をなさったって、この私を生かすものとならない限り関係がない。それを私のなかの出来事としてくださるのは、聖霊のみわざです。ボーレン先生は、その聖霊のみわざが自分にも働くということを言いかけて、まだ、そのことをはっきりと言うことができない自分であることを恥じておられる。そして、ここが大事なのだということを、とても正直に書いておられる。

ここでボーレンさんは、ダンスの話をします。ヨーロッパの人びとは皆ダンスをします。私がドイツの生活をして困ったのは、ダンスパーティです。ワルツひとつ踊れない。ただ眺めるばかりで、ひどく退屈しました。ボーレン先生をはじめ、皆踊れる。ボーレン先生は、そこで言われる。「たとえばひとりの女性が、ずっと壁の花になっていちゃ、困るよね。男性が手を差し伸べてきてくれたら、すっと自分も手を出して、それに応えなければいけない。神はいつもそのように、私を誘っていてくださる。聖なる霊は、すでに私たちのなかで、みわざを始めておられる。手を出してごらん。お前も立てる。お前も眠りから覚める。手を出したらいいのだ。それが信じるということ。それが使徒信条を唱えるということだ。これは、自分に起こった神の出来事だと、信じて唱えることだ、と。そこで私は、こころの病から癒された」。そのようにはっきり言われるのです。

エフェソの信徒への手紙は、踊りではなくて、歌を語っています。一九節です。「詩編と賛歌と霊的な歌によって語り合い、主に向かって心からほめ歌いなさい」。「詩編と賛歌と霊的な歌」というこの三つについては、それぞれの違いがあると考えるひとと、ほぼ同じようなものだと考えるひとがあります。このなかで「詩編」と呼ばれているものについては、旧約聖書の詩編を思い起こすことは、間違いがないだろうと思います。まだ、ボーレン先生の話をさせていただいて恐縮ですけれども、ボーレン先生が亡くなったときに、すぐに、この教会にも来られたメラー教授がメールをくださいました。二月一〇日に葬儀をする。私が説教をすることになった。ボーレン先生の愛唱詩編は、今朝、私が招きの言葉として読んだ詩編第一〇〇篇だと言われました。ボーレン先生は、本当に詩編が好きでした。

私にとって忘れがたいのは、今朝、私どもが交読をいたしました詩編第一〇三篇であります。ボーレン教授の家の、最初の昼食の客になったときです。その自殺をなさった奥様も当時健在でした。今はもう、すっかり大人と申しますか、もうほぼ老人に近くなったような、その息子さんたちも、まだ少年であった。食事の前に第一〇三篇の初めをボーレン教授が唱えます。「私の魂よ、主をほめたたえよ」。するると家族全員が応えます。「私の内にあるものはこぞって、聖なるみ名をたたえよ」。また父親であるボーレンさんが唱えます。「私の魂よ、主をたたえよ。何ひとつ、忘れるな」。家族はさらに応えます。「主が、私に良いことをしてくださったことを」。私は、この家族の詩編を歌い交わす祈りに感動をしました。このときの行き交うドイツ語の響きを今も覚えています。

新共同訳では「主の御計らい」となっておりますけれども、そのときに用いられていたドイツ語の詩編ですと、「主が、私に良いことをしてくださったこと」というのです。主をほめたたえよう。み名をほめたたえよう。私の内なるものはこぞって、主をほめたたえよう。忘れるなよ。主が私の内にしてくださったすべての良いことを。

最初の奥様が自殺をなさった直後、ボーレン先生を訪ねて、ふたりだけでアルプスの山荘で二週間ほど過ごしましたけれども、そのときにも、この第一〇三篇をふたりだけで、改めて唱えました。胸を突かれる思いで、しかし、「主が私にしてくださった良いことを忘れるな」という賛美の言葉を、なお、ボーレン教授が唱えることができるということに、深い驚きを覚えていました。

詩編と賛歌と霊的な歌によって語り合おう。おもしろい表現です。このところは注解書を読みますと、たいていのひとは、「歌を歌って語り合う」というところで、礼拝のことを書いているのだと言います。私はしかし、じっとギリシア語のテキストを見ながらも、「そうかな?」とこころの内に問います。「語り合おう」と書いてある。たしかに賛美を歌うことは礼拝であり、言葉を交わすことも礼拝のなかで起こることかもしれないけれども、礼拝だけなのかなと思います。たとえば、この礼拝後に教会総会があります。総会でも皆さんは言葉を交わし合います。総会の前後にも、総会が終わって、昼食を囲むときにも話し合います。私は、エフェソの信徒への手紙はそういう私どもの日常の語り合いまで考えていたと見ていいと思います。すでに第四章がそうでした。腐った言葉や良い言葉というのは、交わされる日常の言葉です。それだけに、歌によって「歌によって語り合え」という言葉に、こころ惹かれます。歌いながら語り合うということだと言ってもいいと思います。歌によって語り合う言葉が作られるのです。

かつて東ドイツという国があったときに、古い町エアフルトを訪ねました。一〇代の少年少女が、私と語り合うために集まってくれました。午後一時まで語り合いました。当時、東ドイツの政府と、この少年少女たちが、正面から向かい合っていまして、政府が九歳から軍事教育を始めた。それを、そこに集まっている子どもたちは、皆拒否していた。親たちも真っ青になっていたときです。とても厳しい戦いを語り合っていました。どうしていいか分からなくなるのです。一〇代の子どもが、国家と向かい合っているのですから。そうすると、リーダー格の少年がギターを取り上げて、「歌おうよ」と言います。大きな声ではありません。静かな、しかし、とても確かな声で、私が知らない、少年少女たちの賛美歌を歌います。そして、歌い終わると、またリーダーが、「議論の続き」と言って、語り合います。霊的な歌によって語り合う。主に向かって、こころからほめ歌を歌う。私は、エフェソの信徒への手紙のこの言葉を、その時も思い起こしていました。

総会も、おそらく賛美歌を歌って始めることでしょう。私がここの牧師であったときに、長老選挙の総会のために、とてもこころを労しました。教会が分裂して、傷を負って、新しい道を始めていくときに、長老選挙というのは決定的な意味を持つと私は思いました。当時、総会に先立って、長老選挙のための説教をした覚えもあります。そこで、説教のなかで皆さまにお願いしたことは、選ばれたひとは、断ってはいけないということです。選挙をするひとたちは、これは自分で選ぶのではない。神の選びを代行しているのだ。あなたがたが誰かの名前を書くことで、神の選びが起こるのだ。そのために祈ってほしい。私は長老選挙が行われる年度第二回の総会が終わると、疲れ果てました。ある方に聞かれました。「先生、どうしてそんなに疲れ果てているんですか」。「正直に言うとね。もう祈り果てた。祈って疲れ果てた」。祈ることも疲れることだと、しみじみ思う。それだけに、総会が終わるとぐっすり眠れました。こういうことも言いました。総会で伝道計画を立てる。忘れないようにしよう。本来、伝道の計画は立たない。われわれが伝道を計画することはできない。神がなさることだ。われわれがいくら伝道をすると言ったって、今年度に受洗者を何人獲得することを目標とするなどという計画は立てられない。それを立てたら傲慢だ。神を試すことになる。許されない。一所懸命に伝道するけれども、実りは神が与えてくださる。感謝して受け止める以外にない。私どもの総会は、感謝の一語に尽きる。パウロもまた、「いつも、あらゆることについて、私たちの主イエス・キリストの名により、父である神に感謝しなさい」と言いました。感謝に始まり、感謝に終わり、私たちが何者であるかということを、深い喜びをもって確認することができる総会であることを願い、それがまた、皆さま一人ひとりの慰めに満ちた生活であることを願う。歌を失うことがありませんように。祈りをいたします。

ここでも、死者を呼び起こす歌が歌い続けられてまいりました。死の眠りから、闇の底に眠るような罪の思いから呼び覚まされて、光の子として、光のわざに共に励む群れに加えられている者たちが、ここにこんなに大勢います。こころから感謝いたします。これから行われます総会においても、光のわざが全うされますように。光のわざが、新しく、望みをもって始められますように。み子イエス・キリストのみ名によって感謝し祈ります。アーメン

（2010.2.28）

第五章二一節―第六章九節

偉大な神秘を生きる

ホセア書第一四章五―九節

キリストに対する畏れをもって、互いに仕え合いなさい。妻たちよ、主に仕えるように、自分の夫に仕えなさい。キリストが教会の頭であり、自らその体の救い主であるように、夫は妻の頭だからです。また、教会がキリストに仕えるように、妻もすべての面で夫に仕えるべきです。夫たちよ、キリストが教会を愛し、教会のために御自分をお与えになったように、妻を愛しなさい。キリストがそうなさったのは、言葉を伴う水の洗いによって、教会を清めて聖なるものとし、しみやしわやそのたぐいのものは何一つない、聖なる、汚れのない、栄光に輝く教会を御自分の前に立たせるためでした。そのように夫も、自分の体のように妻を愛さなくてはなりません。妻を愛する人は、自分自身を愛しているのです。わが身を憎んだ者は一人もおらず、かえって、キリストが教会になさったように、わが身を養い、いたわるものです。わたしたちは、キリストの体の一部なのです。「それゆえ、人は父と母を離れてその妻と結ばれ、二人は一体となる」。この神秘は偉大です。わたしは、キリストと教会について述べているのです。いずれにせよ、あなたがたも、それぞれ、妻を自分のように愛しなさい。妻は夫を敬いなさい。

子供たち、主に結ばれている者として両親に従いなさい。それは正しいことです。「父と母を敬いなさい」。これは約束を伴う最初の掟です。「そうすれば、あなたは幸福になり、地上で長く生きることができる」という約束です。父親たち、子供を怒らせてはなりません。主がしつけ諭されるように、育てなさい。

奴隷たち、キリストに従うように、恐れおののき、真心を込めて、肉による主人に従いなさい。人にへつらおうとして、うわべだけで仕えるのではなく、キリストの奴隷として、心から神の御心を行い、人にではなく主に仕えるように、喜んで仕えなさい。あなたがたも知っているとおり、奴隷であっても自由な身分の者であっても、善いことを行えば、だれでも主から報いを受けるのです。主人たち、同じように奴隷を扱いなさい。彼らを脅すのはやめなさい。あなたがたも知っているとおり、彼らにもあなたがたにも同じ主人が天におられ、人を分け隔てなさらないのです。

エフェソの信徒への手紙は、その最後にこのような祝福の言葉を記しております。それを、今朝、説教者である私から皆さまへの祝福の言葉といたします。

平和と、信仰を伴う愛が、父である神と主イエス・キリストから、兄弟たちにあるように。恵みが、変わらぬ愛をもってわたしたちの主イエス・キリストを愛する、すべての人と共にあるように。アーメン

私がこのところに立ちますときには、エフェソの信徒への手紙をご一緒にこの日に与えられた神の

言葉として聴いてまいりました。今朝は、その第五章二一節から第六章の九節までです。説教をする箇所としては比較的長い部分を読みました。これは大変豊かな言葉に満ちているものであります。いつものように、説教をするこの箇所について、いくつかの愛用しております注解書をまず学びましたけれども、今回はそのすべてを読み切ることはできませんでした。一冊の注解書でも、この長いと言っても、まとめてみたら一ページに収まってしまうような言葉について、一〇〇ページを超える英語の文章を書いております。とうてい丁寧に読み切ることはできず、そのところどころをつまみ食いするよりほかありませんでした。まことに豊かな言葉に満ちているところであります。残念といえば残念でありますが、しかし、このようにまとめてこの箇所を聴くこともまた意味があります。

本来、ここはひとつの、言ってみればまとまった文章と見ることができるのです。日本では昔は、家訓や家憲というものがあったものであります。「家訓」というのは、家の教え、あるいは、その家の生活、共にする家族のための教えを書いたもので、「家憲」というのは、その家の憲法と呼び得るものを記した文書のことです。私もかつて訪ねた金沢のある家で、「家憲」と書いたずいぶん古い言葉がその座敷に掲げられているのを見たことがあります。

ここは、第五章二一節から夫婦について書き、第六章の一節から四節までは親子について書き、そしてそのあとは奴隷と主人との関わりについて書いております。これが、言ってみれば、ひとつの家を造るひとたちでありました。夫と妻がおり、その子どもがおり、そして、その家庭のために働く使用人たちがいるということです。その中心になっているのが、まずひとりの男でしょう。その男は、夫であり親であり、そしてまた、奴隷の主人でもありました。そういう家のさまざまなひととひととの関わりをどのように整えたらよいか。それぞれの家の定めがある。それをなぞるようにして、ここでキリスト者の家庭の営みについて語っている。

しかし、なぜそんなに、たとえばひとつの注解書がここについて長々と書かなければならなかったか。いろいろな理由がありますけれども、ひとつの理由はこういうことです。夫婦の関係と言っていますけれども、二二節は、まず妻に対する教えから始まる。「妻たちよ、主に仕えるように、自分の夫に仕えなさい」。第六章一節は「子供たち、……両親に従いなさい」。六節は「奴隷たち、……主人に従いなさい」。家の中心になるのは、夫であり、親であり、奴隷の主人になる男だと言いましたけれども、その男がどうしたらよいかと書くよりも、その男を夫として仕える妻、その男を父としてそれに従う子どもたち、その男を主人としてこれに従う奴隷についてまず教える。しかも、二三節を読みますと「夫は妻の頭」と書いております。これが、どうも、現代のひとたちには気に入らない。

たとえば、もうずいぶん前のことでありますけれども、英国のある王室で結婚式があった。女王につながる家族です。結婚するその女性が、英国教会の自分たちの結婚式の司式をする司祭に、「夫は妻の頭」という聖書の言葉を読まないように、と言ったということが、日本の新聞でも伝えられたことがあります。案の定というか、この夫婦は離婚になりました。

奴隷についての言葉についても、この手紙は奴隷解放を語っていない。奴隷などというのは信仰に反するなどということは教えていないのであって、その奴隷制度を受け入れている。男女同権どころではなくて、男の主権を受け入れる保守的な家族制度を受け入れ、子どもは親の言うことを聞かなければいけないという古風な親子の関係を支持し、奴隷制度をむしろ肯定している。こんなものは現代の教会には通用しない。そう言うひとたちが大勢いるのです。ですから今日では、かつては当然のごとく教会の結婚式で、この「妻たちよ、主に仕えるように……」という言葉から始まります言葉を読んだのでありますが、今はこれを読まないようにしてしまっている教会さえあります。聖書を説くひとたちは、そういうことに対して弁明の文書を書かなければならなくなる。この手紙を弁護しなければならないようなところに追い込まれる。そうでなければ、こういう言葉が聖書に書いてなかったことにする。そういう態度さえ生まれる。皆さんはどのように聴くか。これが今朝のひとつの問いです。

エフェソの信徒への手紙は、ここで、妻たち、子どもたち、奴隷たちに象徴されるように、仕えるということが大事だということを知っていたでしょう。それで、二一節に「互いに仕え合いなさい」という言葉を記しております。「キリストに対する畏れをもって、互いに仕え合いなさい」。これは皆さまが聖書の翻訳をいくつか思い出してくださったり、これまで読んできた聖書の言葉を思い出してくださると、気がつかれるかもしれませんが、この新共同訳のように、二一節から新しい区分が始まる、つまり二一節、二二節と続けて読むとするような区分ではなくて、二〇節に続けて、二一節を読むようにしている区分もあります。どうしてかというと、実はもともと伝えられている新約聖書の文章には、こういう区切りはない、つまり段落はないのであって、どういう段落をつけるかということは、今日の解釈によるのです。新共同訳の解釈も、今申しましたように、二二節以下が「仕える」ということが主題になっているから、二一節を二二節以下につなげると考えることも筋が通っていることであります。

しかし、二週間前に、私がここにまいりましたときにご一緒に聴きましたように、二〇節までのところでは、教会における私どもの共に生きる生活、そこで交わす言葉、そして、それだけではなくて、そこから始まりまして、私どもがキリスト者でない人びとと共に生きているところでも語る言葉、私どものすることについて教えていると理解することができました。それは何よりも、光の子としての言葉であり、光の子としての歌であり、光の子としての生活の規律でありました。そこでも主を畏れて、互いに仕え合うということが、その基本的な姿勢だと聴くことは正しいことです。そうしますと、およそキリスト者というものは、キリストに対する畏れをもって互いに仕え合うものだ、これが基本的なことだとわきまえて生きることになる。しかも、そのように聞きますと、これは何も新しいものではないし、誰だって知っていることだと言うこともできるかもしれません。しかし、そのときに、先ほどのような問いが投げかけられてくる。今どき、仕えるなどというようなことを、たとえば妻に叩き込むなどというようなことをするから、教会の教えをみんな喜んで聞かなくなっているのだということになりかねません。

ここしばらくの間、ドイツ語の文章を読んでいておもしろいことに気づきました。最近もその言葉が使われるのに出会いました。ここでドイツ語を使っていいかどうかためらいながらですけれども、その響きを聞いてくださっていいと思いますが、「イッヒ・アーゲー（Ich AG）」という言葉なのです。これは今の独和辞典を引いても出てこない。「イッヒ」というのは「私」という意味です。「アーゲー」というのは、大文字で書きます。もしかすると、皆さんがドイツからの輸入品、薬でも何でもお求めになったときに、どこかにこの「アーゲー」という言葉を見つけるかもしれません。「株式会社」という意味なのです。それに「イッヒ」「私」がくっついているのです。直訳すると「私株式会社」と言うのです。何のことかよく分かりません。しばらく前に、最初にその言葉に出会ったときに、さっそくドイツ語のインターネットでそういう言葉の解説をするものがありますから、調べてみると、きちんと出てまいりました。こんな解説がありました。二一世紀に入ってからですけれども、ドイツの政府が取った方策に、失業者対策がある。失業者は、だいぶ前からきちんと、日本と同じで、失業手当をもらいます。その失業者がどこかに雇用を求めるというのではなくて、自分で仕事を始める、そういう決心をします。それを申請して認められると、失業手当とは別に、何と言いますか、自立援助金と言ってもいいと思いますが、別にまた追加してお金をもらえるのだそうです。そうすると、どこかの会社に雇ってもらうというのではなくて、そのお金に助けられながら、自立するのです。どんな仕事でもいいのでしょう、自分で仕事を始める。そのひとたちの営みのことを、これは別に法律用語ではなくて、誰かが付けたのでしょう、「私株式会社を始めた」と言ったらしいのです。

それがしかし、そういう意味だけでなくて、まさにこれが現代人の生き方だということになったのでしょう。私どもの日常の生活の姿を示す言葉として用いられるようになりました。なるほどと思います。子どもも物心がつくと、今の親たちはだいたいそうしますけれども、個室を求める。もう会社経営を始めるようなものです。そこには親も入れない。親からは援助金はもらうけれども、それ以上親に余計なことは言ってもらいたくはない。自分たちで自分の生活の営みを始める。子どもは子どもで「イッヒ・アーゲー」「私株式会社」を始める。皆さんもみんな私株式会社の社長になっている。従業員も自分だということにもなるかもしれません。そういう世のなかになっているところで、仕えることを求める。部屋から出てくることを求める。親に仕えることを求める。子どもは言うことを聞かない。だから、現代のキリスト教会は、そういうことについてあまり大きな声を立てない。いいんです、いいんです、そのままでいいんです。そのままでいいんです。自分の部屋にいなさい、と。

聖書は、しかし、そのようなところに留まることを許してくれません。しかし、この二一節はよく聴かなければいけない言葉であります。まずひとつ、「互いに仕え合う」と言っていることです。しかも、この「仕える」と訳されている、そのもとの言葉はいつも同じではありません。この「仕える」と日本語で訳されている言葉を、たとえば、皆さまが外国語の聖書の翻訳、英語とかドイツ語とかフランス語で調べてごらんになると、みな同じように「仕える」という言葉を使ってはおりません。なぜかと申しますと、ここで用いられているギリシア語は「仕える」と言いましても、下に立つということをはっきり言い表している意味の言葉だからです。下に立つのです。上に立ったまま、ときどきサービスしてあげるとか、上に立ったままの夫が妻にお茶をついでやる、などというようなことではないのです。妻の下に立つのです。互いに仕え合うのだから、互いに下に立ち合うのです。ですから、ここは「仕え合う」と訳さないで、「従属する」と訳すものもあれば、「従う」と訳すこともあります。お互いに従い合うのです。とても興味深い表現だと思います。何かの会合に出ると、たいていそういうときには上座が空いている。あとからやって来たひとが下座に座っているひとに、「どうぞ、あなたはもっと上座に行ってください」「いや、あなたこそ」と譲り合っているような姿を考えるかもしれませんが、そんな呑気なものではありません。

お互いに下に立つ。それはいったいどういうことなのだろうか。しかもここで、「キリストに対する畏れをもって」とあります。これもこの翻訳がひとつの問いになります。これも皆さんが翻訳をいろいろ調べてご覧になるとお分かりになりますが、新共同訳はもしかすると少し意味を和らげているると言えるのかもしれませんが、畏敬の「畏」という漢字を用いております。「おそれ」といっても、たとえば皆さまが、すぐその音を聴いて思い起こす漢字は、もしかすると恐怖の「恐」という字のほうが多いかもしれません。そして、ここはまさにギリシア語でもその「恐怖」と訳してよい言葉です。恐がるということです。そうなりますと私どもは、「何もイエスさまを恐がるなんてことはない。イエスさまを恐がらせるような教会学校の教育はしない」と考える。イエスさまとは親しむものなのだ。恐がるなんてとんでもない。ここでもしかし、もしかするとキリストを恐がるというこころが求められているのかもしれません。キリストに対して真実のそのような意味における恐れがないと、互いに下に立つことを覚えるということも、私どもに起こらないということであるかもしれない。そのようにして私どもの問いは始まる。深まる。

残念ながら、私がここで説教をするのは、今回とそれから今月の最後の主の日だけでありますから、そんなに丁寧に詳しく、このエフェソの信徒への手紙の言葉をご一緒に考えていく暇はありません。こういうことを私はここを読む度に思い起こします。今、私はもう牧師ではない。牧師ではないということは、たとえば結婚式の司式をしないということです。実際に、ここの牧師であることを辞めてから一三年の間、結婚式の司式はしておりません。結婚式のときに、私は遠慮なくこのエフェソの信徒への手紙の言葉を、結婚するひとたちのために読みます。読む度に、それこそひとつの恐れを覚えます。特に三一節以下を読むときです。「それゆえ、人は父と母を離れてその妻と結ばれ、二人は一体となる」。

これは創世記、旧約聖書の最初の書物に記されている神の言葉であります。まさに結婚式にふさわしい。男も女もその父母から離れて、しかもお互いにひとつのからだを造る。一体となる。教会の結婚の式というのは、大変具体的でありまして、その結婚式の夜から始まる夫婦の肉体の結びつきを祝福するのです。これはとても大事なことです。ですから、今では本当に古風な牧師であったかもしれませんけれども、若い方たちが婚約をするときに、婚約と結婚とを取り違えるな、と言いました。肉体的な意味においても取り違えてはならないということを、いつも具体的に申しました。とても神聖なことだからです。神の言葉によって起こることだからです。

しかし、その言葉をここで読んだあとで、この手紙はとても不思議なことを言います。この神秘は偉大だ。男女の結合というのは、とても偉大な神秘に属するとまで言いまして、しかし、そのときに何と言うかというと、「わたしは、キリストと教会について述べているのです」。

私は大げさではなく、これを結婚式のときに読むときに、からだが震えるような体験を何度もいたしました。キリストと教会について述べるという、この表現も興味深いものであります。こういうふうに訳すことが多いようですけれども、たとえばエペソ人への手紙の講解説教を遺された竹森満佐一先生のこの箇所についての言葉を読みますと、この「キリストと教会について」と訳されているもとのギリシア語は「キリストに向かって、教会に向かって、私は言う」と訳さなければいけない。しかも、「キリストに向かって、教会に向かって」という日本語でも、原文の持っているニュアンスは十分には出ないのだと言われました。「キリストに向かって、教会に向かって」という言葉で、ひとつ特に結婚式において思い起こすのは、まさに結婚式における誓約の言葉です。誓約の言葉は一人ひとりに対して言います。それに先立ってこういう聖書の言葉を読むときに、私が司式をするときには、他の方たちは座っていても、これから結婚の約束をする若いふたりには立ってもらいます。あなたがたへの神の言葉ですよ。まるでここに主イエスが花婿として立ってくださっているようです。そして、主イエス・キリストよ、聴いてください、と。主イエス・キリストにあなたはこのような花婿でいてくださいますね、と改めて言うようなことです。そして、それに続けて花嫁である教会に、あなたはこの花婿キリストにお仕えするのだからと言いますが、そこで、あなたがたはひとつのからだだと、男と女がひとつのからだになるように、というのです。恐るべきこととやはり言わざるを得ないかもしれません。ひとつになるのです。本当にひとつになるのです。

私の恩師ボーレン教授が、二月一日に亡くなりました。二月一〇日に葬式が行われました。その葬式で説教をなさったのは、ここでも説教をなさったことがありますハイデルベルク大学の教授で、そして、死に至るまでボーレン教授の傍らに居続けてくださったクリスティアン・メラー教授です。このメラー先生の説教がどんな説教であったか、待ちに待っておりましたら、ボーレン夫人が夜中にファックスでそれを送ってきてくださいました。早速、私は訳しまして、この教会の事務室にも送りました。この説教は長老の方たちのメールボックスに入っているはずです。昨日の夜、読みまして、相変わらずまた誤訳をしていると思って、後で訂正をまた入れたいと思っていますけれども、とても素晴らしい説教です。その説教のなかに、こんなことが書いてあります。ボーレン教授はよくため息をついた。これは私も覚えがあります。いつもそばにいましたから。「疲れた」と言うのです。「イッヒ・ビン・ミューデ」。「ミューデ」というドイツ語は本当に疲れた言葉だと思います。「僕、疲れたよ。もう何にもしたくないよ」。メラー教授もしょっちゅう聞いた。ふたりの奥様を続けて亡くす。ため息をついてどうしようもない思いになっただろう。そんなふうに説教のなかで語ります。重い病気になって、ため息をつくだけ。

そういうボーレン教授のことを思いながら、このメラー先生はひとつの聖書の言葉を思い起こします。パウロがローマの信徒への手紙の第八章二六節に書いた言葉であります。「同様に、〝霊〟も弱いわたしたちを助けてくださいます。わたしたちはどう祈るべきかを知りませんが、〝霊〟自らが、言葉に表せないうめきをもって執り成してくださるからです」。

「執り成す」というのは、別の言葉で言うと、「代理を務める」という意味です。メラーさんはこう言う。ボーレン先生のことを「ルードルフ」とファーストネームでも呼びますけれども、ルードルフはため息をついて、もうどう祈っていいか分からないようなところにまで追い込まれる。しかし、そのひとのなかに、そのひとの霊とは違う別の霊がおられて、一緒にため息をついて、「疲れた」と言うと、「疲れた」と言ってくださる。もっと深いため息をつきながら、代わりに祈っていてくださった。そして、ボーレン夫人にも語りかけるのです。あなたも夫のみとりに疲れ果てため息をつくとき、あなたのなかでも、あなたが疲れ果てて自分の家に帰る山道を登って行くときにも、あなたとは別の霊が、あなたのなかで一緒にため息をついていてくださるではないか。あなたはそれに気づいたね。そう語りかけます。

キリストが教会とひとつであるというのは、教会を造っている私どもとひとつでいてくださるということは、そういうことです。いや、夫と妻はなかなか一体にはなりません。肉体の結びつきもうまくいかないなんていうこともあるかもしれませんけれども、それ以上に、それほど深く存在が一体化するということは少ないかもしれません。しかし、キリストは私どもとひとつになる。この教会とひとつになる。この教会を造っている皆さまとひとつになり、私どもが祈れないときには代わって祈っていてくださる。それが、パウロがガラテヤの信徒への手紙のなかで、「生きているのはもう私ではない。キリストが私の内に生きていてくださる」と言ったことの意味であります。

エフェソの信徒への手紙は、夫に対して言います。あなたがたは妻の頭だ、と。しかし、そのときに二三節では、「キリストが教会の頭であり、自らその体の救い主であるように、夫は妻の頭だ」と言います。教会の頭であられるキリストに似て、あなたは妻の頭である。これは重い言葉です。私は妻の頭だなんてうそぶいていた夫も、聖書は本当はそういうことを言っているのだと思ったら、たじろぐでしょう。恐れを抱くでしょう。しかも、その先にこういうふうに記しています。二五節。「夫たちよ、キリストが教会を愛し、教会のために御自分をお与えになったように、妻を愛しなさい」。自分を与える。死んでくださった、ということです。

このエフェソの信徒への手紙は、私どもの生活を語るなかで、何度もそういう言葉を差し挟みます。たとえば、同じ第五章の二節にはこう書いていました。「キリストがわたしたちを愛して、御自分を香りのよい供え物、つまり、いけにえとしてわたしたちのために神に献げてくださったように、あなたがたも愛によって歩みなさい」。

下に立つということは、そういうことです。下から支えるということは、そういうことです。前にお話しした記憶がありますけれども、またボーレン教授のことになりますが、私は、いろいろな教派の方たち、牧師たちと一緒に説教塾という、説教の学びの集まりを作っています。落合先生もその仲間ですし、今度来られる川﨑牧師夫妻も説教塾の仲間です。そこで親しくなった方たちです。この説教塾が名古屋で講演会をいたしましたときに、二度目の来日をしておられたボーレン先生をお招きしました。講演のあとに質疑の時間になりました。ひとりの若い牧師が、こういうふうに尋ねた。私は現在の教会に牧師となって一〇年説教をし続けてきた。しかし、どうしても自分の言葉を自分の教会のひとたちがきちんと聴いてくれているかどうかについて心許ないところがある。言葉が通っていないという不確かな思いがあったのでしょう。私は通訳をしていました。ボーレンはじっとその牧師の顔を見ておられました。そして、あまり大きくない声で、どちらかというと静かな声で、こう尋ねられました。「あなたはそのひとたちのために、いつでも死ぬ用意ができていますか。死ぬ覚悟ができていますか」。英語で言うと「アー・ユー・レディー?」と尋ねている。いつでもその備えができているか。それ以外に何にもおっしゃらなかった。自分の説教を聴いているひとたちのためにいのちを捨てる覚悟をしていない説教者は、説教者の名に値しないと言った。そのひとが自分の言葉をよく聴いてくれるかと、どこかで教会員を疑うようなことを言うことはおかしいのではないかと問われた。しばらく沈黙が続きました。誰も何も言わなかった。そして、このボーレン教授の言葉は、その後、説教塾の集まりのなかで大切なことを語り合うときに、誰かが思い起こして口にします。あの言葉から遠くなっていないか。これはしかし、説教者に問うているだけではない。夫に対して言っているのです。夫が妻の頭であるということは、いつでも妻のために死ねる夫だということだ。そうでないと夫の名に値しない。

二八節は言う。「そのように夫も、自分の体のように妻を愛さなくてはなりません。妻を愛する人は、自分自身を愛しているのです。わが身を憎んだ者は一人もおらず、かえって、キリストが教会になさったように、わが身を養い、いたわるものです」。夫である男性が年を取ってくると、自分のからだばかり気にするようになります。連れ添っている妻は、その自分のからだの健康のために最善を尽くすべき存在だと思っている。しかし、ここでは、「わが身を養う」というときの「わが身」は自分のことではありません。妻のからだです。妻のからだを自分のからだとするときに、その妻の健康のためには、妻を養うためには、自分が死ねる覚悟をしている夫であるはずだと聖書は問います。厳しいことですし、ここでも繰り返します。恐いほどのことだと私は思う。キリストが教会になさったように、わが身を養いいたわる。この「わが身」というのは妻のことです。繰り返しますが、妻を養い、妻をいたわる。妻のからだは自分のからだなのだ。

そのようにしたときに、キリストの愛が造る教会の姿が浮かび上がってきます。二六節。「キリストがそうなさったのは、言葉を伴う水の洗いによって」。「水の洗い」というのは洗礼のことです。「言葉を伴う」というときの「言葉」が、どういう言葉であるかについては、注解者のなかで意見が分かれます。洗礼を行うときに、洗礼はただ黙って司式者がするのではなくて、そこで聖書の言葉が読まれる。神の言葉が告げられる。祈りがなされる。そういう言葉であろうかと考えるひともあるし、洗礼を受けるひとは、ただ洗礼を受けるだけではなく、洗礼を授けてくれる者が語り続ける説教の言葉に耳を傾けて、その言葉に導かれて洗礼に至るのであって、その福音を告げる説教の言葉まで含むのだと理解できるかもしれない。教会がキリストの言葉を語り続けることは明らかでありますけれども、そこでも、キリストがみ言葉を語り続けていてくださり、洗礼によって、水をもってきよめてくださるために、教会、つまり私ども一人ひとりがきよめられて、聖なるものとされて、神のものとされる。

「しみやしわやそのたぐいのものは何一つない、聖なる、汚れのない、栄光に輝く教会を御自分の前に立たせるためでした」。いろいろな注解の言葉や解説の言葉を読んでいて、ちょっと笑った説明がありました。「しみやしわやそのたぐいのものは何一つない」。その言葉について、そのひとは何気なく書いている。お婆さんではありません。なるほど、そうかと思いました。結婚する花嫁は若々しい。美しい。結婚の司式をしている者の楽しみは、結婚式の前から始まります。結婚式の前に、花嫁の装いができたときに、ここで、衣装を着たまま一度、入場、退場の練習をします。今か今かと待っていて、待ちきれない。ですから、大抵私は、着付けをするのはそこの準備室ですが、その前に立って待っています。扉が開かれて、介添えの方たちと一緒に花嫁が現れると、周りにいるひとたちは、「まあ、きれい」と声を挙げます。大抵私は息を呑んで声が出なくなる。特に、教会学校から育ってきた方の花嫁姿などというのは本当に感動します。そして、私でさえこうなのだから、ご両親がどんなに嬉しいか。手塩にかけるというのは本当にこういうものだ。親の愛が凝縮したように美しい花嫁が現れる。両親は本当にこの子のためには命を捨ててもいいとさえ思って、育ててこられたかもしれない。しかし、その花嫁も、やがてしみが出て、しわができてきます。避けられない。「昔は、きれいだったね」なんて言っていられない。むしろ、そこでこそ、夫の愛が問われる。からだもぼろぼろになったかもしれない妻が、やがて地上のいのちを終えて、キリストの前に立つ時が来る。そのときに、もしかしたら、傍らにいる夫の愛が問われる。よくいのちを賭けて、このひとをこのように、しみもしわもない聖なるものとして、最後まで生かしたね。

夫にまさって、キリストがそれをしていてくださる。夫は、そのキリストの真似をし、キリストの愛の片棒を担いだにすぎない。そう言ってもよいだろうと思います。それが、夫婦の間だけではない。親子の間にも起こります。

一節以下の言葉のなかで、父親である私が忘れることはない言葉は、四節の短い言葉です。よく父親は忘れます。「父親たち、子供を怒らせてはなりません」。甘やかせ、という意味ではありません。父親の愛が間違ったときに、父親がキリストのように愛をもって支配することを忘れたときに、子どものうちに怒りが生まれるのでしょう。

四節。「主がしつけ諭されるように」。「しつける」と訳されている言葉は、おもしろい言葉であります。口語訳では、もう今は、その漢字を書けと言っても書けないような、「薫陶」という言葉でした。今すぐ「薫陶」という言葉を、その漢字を思い出して書ける方がどのくらいおられるか、テストしてもおもしろいくらいですけれども、古い言葉です。しかし、この言葉のもとのギリシア語は、「パイデイア」という言葉で、たぶん皆さんは、大学で教育学概論などを学んだときには、必ず聞いたことがあるギリシア語です。「教育」という意味の言葉です。パイデイアのさらにもとの言葉は、「子ども」という意味です。「しつけ」という訳も、とても良いと思います。子どもを子どもらしく、子どもが怒りに満ちた子どもではなくて、愛の子として愛の大人になるように育てられるときに大事なことは、主がこの子を育てるときには、どんなふうになさるかなということを、いつも思い起こしながら、その主のこの子に対する愛を体現するかのように、父親はその子どもに向かう。「俺の言うことを聞け」などというものではない。しかし、もしかしたら、主の言葉を思い起こさせる。イエスさまがおっしゃるように、生きていこうね。イエスさまがお前のために死んでくださった、あの愛のなかで生きていこうね。そのように、諭し、育てる。

主人も同じであります。この主人は二二節以下で、妻のためにいのちを捨てることを求められた夫です。その夫である主人に「彼らにもあなたがたにも同じ主人が天におられ」と言います。九節です。天におられる神を思い起こさせ、神に対する恐れを呼び起こさせながら、九節でさらに言う。「主人たち、同じように奴隷を扱いなさい」。「同じように」というのは、妻に対する思いと同じです。奴隷が自分に対して、うわべではなく真実に主を畏れて従ってくれる。その奴隷の思いと同じです。主人は、奴隷のためにいのちを捨てうるか、と問われる。奴隷の下に立てるか、と問われるのであります。

かつて、東京神学大学の学生修養会というのに招かれたことがあります。主題は、「神学生の生活」です。私は、講演のなかで言いました。大学に通っている間に教会で、教会に生きるというのはどういうことかを学ぶでしょう。そのときに、ひとつお願いがある。教会の底辺に立つということを覚えなさい。教会の一番下に立つということを覚えなさい。講演の後、分団協議があって、それが終わってから、私に対する質問があった。よく覚えています。いくつもの分団から問いがあった。「教会の底辺とはどこですか」。あとで学長に言われました。「あのとき、あなたは怖い顔をしたね」。私は、神学生が教会の底辺が分からないということに、ある悲しみを覚えたのです。そして言いました。「教会の底辺。それはね、教会のどこに、主イエスがおられるかということだよ。主イエスは、どこにおられて、あなたがたを生かしていてくださるか。そこに行ったらいい。君たちのやっていることが、主イエス・キリストの愛をお助けすることになるということを、覚えたらいい」。

一週間前にここにまいりました。礼拝が終わって、伊奈保雄さんの奥様が、「今、主人が重体だ」と言ってこられました。私は「すぐ行きます」と言って、病院に行きました。ご家族は、「分かった、分かった」とおっしゃいましたし、もしかするとうっすら目を開けられたから、私が訪ねたことに気付かれたかもしれない。土曜日に、「加藤先生に会いたい」とおっしゃっていたそうです。分かりませんけれども、私はその手を取って声をかけました。「一緒に教会のために働いたよね」。そして祈りました。伊奈さんのようなひとは例外ではありません。しかし、本当によく教会のために働いた。そのとき、奥様が言われた。「会社も辞めて、長老も辞めて、主事になって、教会のために働いていたときが一番輝かしい顔をしていた。何をしていたのか。ただひたすら仕えて生きていた」。何かと言えば私に、「時間があるか」と尋ねて、すぐ車で駆けつけきて、「○○さんがどこに入院しているから行こう」と言われた。栃木県まで車で連れて行かれたことがあります。静岡県まで行ったこともあります。何度もそう言って、ひとを訪ねて、手を握って、「加藤先生を連れてきたよ」と嬉しそうに声をかける。キリストと一緒におられた。そして、繰り返しますが、これは例外ではない。皆さまはそれをここで学んでおられる。

昨日、ずいぶん夜遅くまで村上輝さんが、印刷してメールボックスに紙を入れておられた。見せていただいた。来年度の皆さんの奉仕の分担の表です。ずらりと名前が書いてある。私の知らない方の名前がたくさんある。一三年の間にこんなにたくさん教会員が増えて、その方たちが小さな仕事を、誰も気付かないような仕事を一年間引き受けてしてくださる。そこでも下に立つことを学んでおられる。それならば、自分の家族にも本当に仕えることができるはずだ。一緒に生きていくひとたちに、キリストのように仕えることができる。それは本当に素晴らしいことです。そこに現れ出てくる私どもの罪も恐ろしいことです。主を畏れることは、自分の罪を恐れることです。しかし、それにも勝って、新共同訳が書いているように、この主のみわざは、畏れかしこんで受け入れるべきものであります。それを受け入れ続けて、生きていかれる皆さまのすべての歩みに祝福がありますように。

キリストが、私どもとひとつのからだになっていてくださることとの、大きな大きな奇跡のなかに、私どもが例外なく立たされている恵みに不思議さを思います。地上に生きる限り、いや、この地上の生を終えて後も、この主の、ご自身を注がれ、献げ尽くして生かしてくださる愛のなかに立ち尽くし、歩み続けることができますように。主のみ名によって祈ります。アーメン

（2010.3.14）

第六章一〇—二四節

しっかり立とう

イザヤ書第五七章一四—一九節

最後に言う。主に依り頼み、その偉大な力によって強くなりなさい。悪魔の策略に対抗して立つことができるように、神の武具を身に着けなさい。わたしたちの戦いは、血肉を相手にするものではなく、支配と権威、暗闇の世界の支配者、天にいる悪の諸霊を相手にするものなのです。だから、邪悪な日によく抵抗し、すべてを成し遂げて、しっかりと立つことができるように、神の武具を身に着けなさい。立って、真理を帯として腰に締め、正義を胸当てとして着け、平和の福音を告げる準備を履物としなさい。なおその上に、信仰を盾として取りなさい。それによって、悪い者の放つ火の矢をことごとく消すことができるのです。また、救いを兜としてかぶり、霊の剣、すなわち神の言葉を取りなさい。どのような時にも、〝霊〟に助けられて祈り、願い求め、すべての聖なる者たちのために、絶えず目を覚まして根気よく祈り続けなさい。また、わたしが適切な言葉を用いて話し、福音の神秘を大胆に示すことができるように、わたしのためにも祈ってください。わたしはこの福音の使者として鎖につながれていますが、それでも、語るべきことは大胆に話せるように、祈ってください。

わたしがどういう様子でいるか、また、何をしているか、あなたがたにも知ってもらうために、ティキコがすべて話すことでしょう。彼は主に結ばれた、愛する兄弟であり、忠実に仕える者です。彼をそちらに送るのは、あなたがたがわたしたちの様子を知り、彼から心に励ましを得るためなのです。

平和と、信仰を伴う愛が、父である神と主イエス・キリストから、兄弟たちにあるように。恵みが、変わらぬ愛をもってわたしたちの主イエス・キリストを愛する、すべての人と共にあるように。

祝福を祈ります。エフェソの信徒への手紙第六章二三節、二四節であります。

平和と、信仰を伴う愛が、父である神と主イエス・キリストから、兄弟たちにあるように。恵みが、変わらぬ愛をもってわたしたちの主イエス・キリストを愛する、すべての人と共にあるように。アーメン

この二〇一〇年三月二八日、これはずっと私がこころのなかに何度も何度も思い起こしてきた日付であります。この日まで神が私を支えてくださり、思いがけず与えられたここに立ちます私の使命を果たすことができるように、祈り続けてまいりました。一昨年、思いがけない東野両先生の辞任の決意を聞かされてから、今日に至りますまで、長いようで過ぎてみれば短かったと思われる方もあるでしょう。長老の方たちもさまざまな思いを新しくしておられることと思いますが、ここにおられるほ

とんどすべての方が、思いを等しくしておられることと思います。ここでみ言葉を説き続けた方たちの、思いがけない辞任でありました。これは多くの方たちがすでに口にしておられると思いますが、やはり、この教会にとってはひとつの危機でありました。なかには手紙をくださった方もありまして、どうしていいのか分からない、と書いてこられました。本当に思いがけないことが起こって、こころが揺らいでいる。こころが揺らぐ。これは明らかにひとつの危機であります。私がそのようなときに、ここに立つことを命じられましたときに、このエフェソの信徒への手紙を一緒に神の言葉として聴きたいと願うようになりました。そのひとつの理由が、もったいぶって言うわけではありませんけれども、この朝、明らかになることであります。

エフェソの信徒への手紙も危機にあって書かれたものです。今、聴きました二〇節に「わたしはこの福音の使者として鎖につながれています」とあります。この手紙を書いた使徒は、獄につながれている。鎖につながれている。他のパウロの手紙のなかに「神の言葉はつながれてはいない」という言葉がありますけれども、福音の使者である自分が鎖につながれているからといって、神の言葉が不自由になっているわけではない。それはたしかにそうですけれども、ただ牧師が辞任したというだけではない。かつて自分たちの教会を建設し、自分たちの教会のために説教をしていた使徒が、今、獄中にある。特別なことではない。こういうことは、キリスト教会にいつも起こってきたことであります。

ドイツで私が親しく指導をしていただいたヘルムート・ゴルヴィツァー先生は、若くしてベルリンのダーレムにあるイエス・キリスト教会の副牧師になられました。主任牧師は、これまたよく知られたマルティーン・ニーメラー先生でした。ヒトラーと戦ったドイツ告白教会の牧師でした。ある日、説教をする牧師が主任牧師ではなくて副牧師になっていました。主任牧師は捕らえられて、今、獄中にいる。自分が代わりに説教をする。しかも、ニーメラー牧師は今日、誕生日を迎えている。そういう説教を読んだことがあります。牧師だけではない。信徒のなかでもついこの間まで礼拝に出ていた者がいなくなっている。どうも捕まったらしい。あるいは、教会員のなかで、ヒトラーの権力が追い回しているユダヤのひとたちをかくまっているひとたちがあった。それは自分たちのいのちに関わる危険を意味しましたが、どうも警察の手が伸びてくるようだということを知ったときに、急いでまた別の教会員のところに、そのユダヤ人の仲間を移すというようなことを絶えずしていた教会であります。

そういう告白教会の戦いのなかにありました、当時はまだ若かったある神学者が、このエフェソの信徒への手紙の第六章一〇節以下を説いた文章を読みました。ここにはいろいろなことが書いてある。いろいろな神の武具が説かれている。しかし、ここで結局、集中的に聴かなければならないことは、ただふたつのことだ。そのひとが挙げるのは、第一に、一〇節の「主に依り頼み、その偉大な力によって強くなりなさい」という言葉です。偉大な力という日本語の翻訳は苦労しているところでありまして、あるひとは原文はこう訳したほうがいいと言っています。「その」というのは、もちろん主イエスのことであります。「主イエス・キリストの力によって」であります。そのひとは、主の強さによって強くなりなさい、励まされなさい、ということを強調する。「強くなれ」というみ言葉をはっきり聴くことだと言ったのです。

強くなるということは、二番目に、別の言葉でこう記されている。一一節に「悪魔の策略に対抗して、立つことができるように」。一三節に「しっかり立つことができるように」。一四節に「立って、真理を帯として腰に締め」。三度もここに「立つ」という言葉が記されている。立つこと。立ち続けること。足もとが揺るがないこと。ヒトラーの強大な権力に向かい合って、ぐらぐらする足を踏まなければならない。そのことによって強くならなければならない。

一一節に「悪魔」という言葉が出てきます。足もとを狙っているのは悪魔です。「策略」という言葉があります。悪魔というのは悪魔の顔をして出てこない。悪魔は実に巧みな知恵を用いる。この悪魔の策略が何よりもその武器とするのは、一二節で言うと「支配と権威、暗闇の世界の支配者、天にいる悪の諸霊」です。天にも地にも満ちている権威があり、支配がある。この権威・支配というのは、別の言い方をすれば、ひとのいのちを奪う権力を持っていると自負する力と言ってもよいだろうと思います。ナチはとにかく、ナチに抵抗する者たちをとっ捕まえて殺すことができた。

つい先日、テレビで、ある日本人の歌手が、ひとりでアンネの日記を歌いました。とてもこころに残るものでありましたけれども、そこでは、屋根裏部屋に潜んでいるアンネが、声が聴こえて自分たちが隠れている戸口を覆っている隠し戸棚の前に立って、それに手をかける。その音を聴きながら脅えている歌声。いのちを脅かされている者の歌声。悪魔はいのちを狙う。この手紙を書いている、この手紙を書き送ってくれている者もまた、獄からいのちを保って出てこられるかどうか分からない。実に多くの、数知れないと言ってもいいほどの殉教者を生んだ教会の戦いが、すでに始まっています。そこで戦わなければならない。その意味では、このエフェソの信徒への手紙は戦いの手紙です。私はここで、皆さまにしっかりと立っていただきたい。しっかりと立つことを知っていただきたいという願いを込めて、エフェソの信徒への手紙を説き続けてまいりました。

そのなかにあったひとつの問いがあります。賛美歌のなかに、最近になってといいますか、戦後しばらく経ってから教会員になった方は、あまり歌っていないではないかと思われる賛美歌がいくつもあります。そのなかのひとつに「見よや十字架の旗高し」という、とても有名な賛美歌があります。「オンワード・クリスチャン・ソルジャース」「キリストの兵士たちよ前進せよ」というのです。一種の軍歌です。だんだん歌われなくなった賛美歌のひとつだと思います。今、新しい『讃美歌21』というのが編集されていますけれども、そこにはこの「見よや十字架の旗高し」という賛美歌はありません。消えた。私が思い起こしますのは戦争中のことであります。もう私は洗礼を受けておりました。まだ中学下級生。この鎌倉の少し先の葉山に、もう今はありませんけれども、当時、横浜ＹＷＣＡが持っていた麗翠館――本来は「レイシー」というアメリカ人の女性の名前がつけられていたのですけれども、戦争中に、外国名で呼ばれる建物であるために名前を変えたのです――で献身者修養会というのがありました。中学生に牧師になることを勧めるための修養会。たしか三日間ありました。私はまだ牧師になる決意は与えられていなかった。牧師に勧められてその修養会に出ることになって、集まったのは東京駅。大手口の南口の外へ出たところです。当時は出たところがかなり広い広場がありまして、そこにいくつもの輪ができておりました。円陣の真んなかにはカーキ色の軍服を着た、あるいは学生服を着た若者が、たすきがけで立っている。それを取り囲んで一様に人びとが大きな声で、日の丸の旗を打ち振りながら、「天に代わりて不義を撃つ」という軍歌を歌っている。悪魔を征伐に行く軍人のひとりを送り出すのだと歌っている。正義の戦をしに行くのだ、と。そこに集まって、われわれ中学生はからだを小さくしながら片隅に集まっていた。もう今はおられません、若い当時の牧師たち何人かが来られて、全部で二〇人いたかどうか分からない中学生でありますけれども、われわれも大きな輪を作ろうと言った。しかもどうやって輪を作ったかというと、両手をつないで、できるだけ大きく輪を作った。周りにいるどんな円陣よりももっと大きい。手をつなぎながら、「さあ、歌おう」と言って、「見よや十字架の……」と歌い出した。私は正直に言って怖かった。周りで出征軍人を送っている者たちが、いきり立ったらどうするか。当時、キリスト教会といえば、敵の国の宗教を信じている連中だと言われていましたし、絶えずそういう攻撃を受けている最中で、こともあろうに皇居前で、出征軍人を歌う群れのなかで、「天に代わりて」ではなく「見よや十字架」などと歌う。大きなからだの中学生が、びくびくしながら、しかし、その恐れを忘れて歌った。そして、牧師たちは大きな声でこの国を救うのは主イエス・キリスト以外にない、私たちはそのキリストの兵士になる、と祈り、歌った。戦う。そうやって戦うのだということを教わった。そして駅頭に立って、チラシを配る伝道の戦いに私も参加するようになった。

戦争が終わってから、ようやくいろいろな印刷物ができるようになったときに、当時の教会におりました若者たちが作った機関誌があります。その機関誌の名前は「エクレシア・ミリタンス」。「エクレシア」というのは教会です。「ミリタンス」というのは戦うということです。「戦う教会」という機関誌を刊行いたしました。もし推測が間違っているならば、こんなに幸いなことはないと思いますけれども、今日のキリストの教会のひとつの問題は、戦う姿勢をおろそかにしつつあるということではないだろうかと思います。しかし、戦うということは特別なことではない。立つということがすでに戦いであります。私どももまた一昨年から新しい戦いを戦ってきた。立つべきところに立ち続けてきた。そして、ようやくこの日を迎えた。

エフェソの信徒への手紙は、立ち続けるために、神の武具が必要だ、と言いました。「神の武具を身に着けなさい」。先ほど洗礼入会式がありました。この「身に着ける」という言葉は、聖書が生まれた頃、こういう教会への手紙が生まれた頃に、洗礼入会式の特別な用語として用いられたと言われております。実際にすでにその頃、洗礼を受ける者は、全身水に入ることを当然のこととしましたけれども、水から上がって、もう一度衣を着るときに、新しい衣を着せられる。白い衣であったとも言われます。新しい衣を身に着ける。そのように生まれ変わる。生まれ変わった者は神の武具を身に着ける。悪魔と戦うために。悪魔の策略というのは、それは殉教を強制するような戦いとして現れてきたかもしれませんけれども、また、ごく日常的なことであったとも言えます。

「最後に言う」という言葉から始まりますけれども、この「最後に言う」という言葉について、注解書を読んだり、これについて書かれた説教黙想という文章を読むと、ずいぶんみんなこころを遣います。なぜ、ここで最後にこういうことを言わなければならないのか。たとえば、あるひとはこんなふうに申します。第五章の一七節以下に、主のみこころが何であるかを悟って、身を持ち崩さないで、賛美を歌い続け、賛美を歌いながら語り合うがいいと言った。ここでは礼拝に生き続け、その礼拝で覚えた賛美をもって言葉を造っていく教会が語られているけれども、これはすでに戦いを意味する。教会から歌を奪う悪魔の策略が起こる。そういうふうに考えていきますと、これまで私どもが聴き続けてきた言葉一つひとつに立ち帰ることができる。

たとえば、私どもが印象深く聴いたのは第四章の二九節であります。「悪い言葉」、私はこれは「腐った言葉」と訳されるとも言いました。腐った言葉を口にするな、と。われわれが語る言葉は、聴いてくれるひとに恵みを与え、そのひとを建てる言葉になり、聖霊を悲しませる言葉にはならないのだと言いました。この言葉を説いた礼拝のあとで、あるひとりの方が、本当に思いがけないことで自分の日常の言葉が神の霊を悲しませることがあったのだと思うと、身がすくむと言われました。しかし、私どもが思い起こすのは、私どもは腐った言葉を言いたいと初めから思っているわけではないということです。すっといつのまにか私どものこころのなかに腐った言葉を差し込むものがいる。「思いがけず」と言います。自分が思った言葉ではない。思いがけずひとを傷つける言葉を語る。第五章では、下品な冗談もふさわしくはない、みだらな言葉を語ってはいけない、貪欲なことを言うな、と言いますけれども、私どものこころはつい誘われる。

ごく最近でも、一般の新聞にも紹介されたことですが、ドイツ出身であります教皇の親しいドイツ人のカトリックの聖職者が、性的な間違いを犯し続けてそれが摘発されて、ヨーロッパのカトリック教会は恥をかいている、名誉挽回しなければいけないということが報道されています。私どもは一方では、なぜ、高名なカトリックの聖職者がそんなことをするのかと、嘆きますけれども、他方から言うと、そのひとも本当に思いがけずそういうことになったのだろうと思います。

私の親しい友人の牧師が交通事故を起こした。交通事故を起こしたのはやむを得なかったかもしれませんけれども、そこから逃げてしまったために、警察沙汰になって、今はそういうことが話題になると、すぐにインターネットで叩くひとたちが出てきまして、ずいぶん辱めに遭ったことがあります。

よく知っている牧師仲間です。そういうときに、われわれは「魔が差した」と言います。悪魔が策略を用いる。他人事ではないでしょう。

そのように日常的なところにおいても、悪魔はわれわれに狙いを定める。こういうこのエフェソの信徒への手紙の言葉を説くときに、神学者によってはこんなことを言うひとがいます。昔のひとたちは悪魔の存在を信じたらしい。今、われわれの説教を聴く者は、悪魔なんて言葉が出てきても子どもの話かと思ってしまうのではないか。しかし、そんなことはないでしょう。この一年の間に求道者会に一回、私は出席を求められたことがあります。思いがけなかったことですけれども、求道者との質疑応答のなかで、かなりの時間を占めたのは、悪魔についての質問に答えなければならなかったことです。悪魔に非常に興味を持った方がおられた。私は悪魔論なんかに興味を持つものではないということから説き始めました。幸いにしてその方はその後、洗礼をお受けになりました。興味を持たざるを得なくなるでしょう。実際にテレビドラマにしても、あるいは映画にしても、今は撮影技術がずいぶん発達しましたから、悪魔のイメージなんていうのは簡単に作れる。恐ろしい悪魔がたくさん登場する。それを見ているときに、子どもだましだと思って見ているわけではない。どこかでこういう悪霊・悪魔に振り回される。数多くの話をする必要はない。かつてオウム真理教というのがとんでもないことをしたときにも、われわれは悪魔がいるのではないかという恐れを覚えた。

一九六八年、六九年、七〇年と続いた学生騒乱のときに、世界中の若者が混乱を呼び起こした。まるで悪霊に憑かれたかのように騒ぎを起こし、人びとを糾弾し、学生は教授たちを吊るし上げた。日本基督教団もその例外ではなくなった。もう亡くなった方ですけれども、ある大学の先生で、この教会の長老に選ばれた方が、たまたま神奈川教区総会の議員に教会長老会のなかから選ばれてしまって、出席した。教区総会に出られた日、家に帰らずに私のところに直行なさいました。二度と行かない。なぜあんなところに私を送ったのだ。あそこには悪魔の形相をした牧師たちがいる。信徒としてそういう顔を見ることは耐えられないことだ、と。二度と行かない。その方は戦争中に大学の仕事にすでに就いておりまして、憲兵や特高警察に常につきまとわれたひとです。あのときの憲兵と同じ顔をしている牧師が教会の会議にいるということはどういうことですか。私は牧師のひとりとして、申し訳ないことをしたと思いました。もう二度と行かなくていいです、とそう言いました。言われるとおりです。他人事ではなくなる。悪魔はどこにでも入り込んでくる。何でもなく過ごしたようでありますけれども、われわれもまた牧師交代の時期に、悪魔と実は戦い続けてここに至った。このことを私どもはこころから感謝したいと思います。

ここに記されている神の武具についていちいち細かいことを説く必要はない。よく分かることであります。一四節には「真理を帯として腰に締める」とある。緩やかになってしまう上着をしっかり締める帯がなければならない。それを「真理」と呼ぶ。胸当ては「正義」と呼ばれる。「平和の福音を告げる準備を履物とする」。これはおもしろい言葉でありまして、「準備を履物とする」とあります。まだ出かけなくていいみたいです。今、立っている。立っている間にきちんと履物をつけている。そして、出撃命令があったら出て行く。しかし、何をするのか。ドイツのあるよく知られている神学者が、ここについて語られた、これまた、この箇所について書くドイツの学者がほとんど引用する言葉があります。これは実に見事な逆説だ。ここは戦争の話だ。戦争の話なのだけれども、出撃に備えるときに、用意をしているものは何かと言ったら「平和」だ、と。「平和」というのは「戦うな」ということなのだ。それが教会の武器だとする。キリスト者の武器だと言われている。この真理も正義も平和も――あるひとはまた言います――私たちのものではない。真理は真理そのものである方が来てくださったから、われわれの武器となった。正義は、われわれがどうしても確立することができなかったものであって、それをその方が来てくださったから、われわれは正義のひとつとなることができた。

イザヤ書第五七章を読みました。このイザヤ書第五七章の一四節以下は、私はこの場所を去るに際しまして、最後に皆さまに贈りたいと思って、前からこころ定めていた、私の最も愛する旧約聖書の言葉のひとつであります。これもまた、多くを説く必要はないと思います。一五節には、

高く、あがめられて、永遠にいまし
その名を聖と唱えられる方がこう言われる。
わたしは、高く、聖なる所に住み
打ち砕かれて、へりくだる霊の人と共にあり
へりくだる霊の人に命を得させ
打ち砕かれた心の人に命を得させる。

一七節には、こう続く。

貪欲な彼の罪をわたしは怒り
彼を打ち、怒って姿を隠した。
彼は背き続け、心のままに歩んだ。
わたしは彼の道を見た。
わたしは彼をいやし、休ませ……

明日から受難週の祈禱会が始まります。私にとってとても懐かしい朝夕の祈りの時であります。このときだけは、牧師たちも黙っていることができる。教会の方たちの言葉を聴くだけ。まだ新しい教会堂が造られる前、古い教会堂でこの祈禱会がすでに行われていたとき、私も妻も今も思い出す言葉を聴いた。今はもう残念ながらここにはおられない、オルガンを弾いておられた小泉さんが、あるとき、奨励の担当になった。いつも静かに穏やかに語る方です。穏やかにこう言われた。「私は、私たちの神が、なぜどのように神であられるのかということを語りたいと思う」。これが導入の言葉です。そしてその後、ある意味では淡々と、受難週のある一日の主イエスに起こった出来事を語られました。しかし、私も妻も終生忘れられない感銘を受けた。はっと思いました。私たちにとって、私たちの神がどんな神で、どのようにして神になってくださっているか。それは主イエスの受難週の一日の出来事、その痛みを見れば、そこでよく分かる。「貪欲な彼の罪をわたしは怒り／彼を打ち、怒って姿を隠した」という神は、その罪人の道を見ながら、しかし、背き続けてこころのままに歩む者たちに対して、裁きをもって報いず、「わたしは彼をいやし、休ませた」。「慰めをもって彼を回復させよう」。驚くべき言葉がここに記されています。そして、そこで神が改めて私どもを見られるとき、「打ち砕かれて、へりくだる霊の人と共にあり」と一五節にあります。小泉さんの静かな言葉を聴きながら、私どもがなぜ忘れることができなかったかといえば、まさに打ち砕かれる体験をしたからです。
このイザヤ書第五七章は、第三イザヤと暗号のような言葉で呼ばれる預言者でありまして、このひとが書いた言葉のなかで、特に新共同訳の翻訳で明確に浮かび上がってきた言葉が、第六六章の二節後半にあります。

わたしが顧みるのは
苦しむ人、霊の砕かれた人
わたしの言葉におののく人。

受難週において、信仰の仲間たちが説く神の言葉に、皆さまはおののき続ける。しかし、これは喜びのおののきであります。もう一回、第五七章に戻ると、一八節以下。

わたしは彼をいやし、休ませ
慰めをもって彼を回復させよう。
民のうちの嘆く人々のために
わたしは唇の実りを創造し、与えよう。

平和、平和、遠くにいる者にも近くにいる者にも。
わたしは彼をいやす、と主は言われる。

この「平和、平和、遠くにいる者にも近くにいる者にも」という言葉は、このエフェソの信徒への手紙を書いた著者のこころに深く刻まれたものであるに違いないということは、多くのひとが説くところであります。

そして、エフェソの信徒への手紙の第六章に戻れば、ここでこういうふうに記される。先ほどの準備として用意していなければならないのは、平和の福音を告げるということであり、さらに一七節を読めば、「また、救いを兜としてかぶり、霊の剣、すなわち神の言葉を取りなさい」とあります。「霊の」、つまり「聖霊の」ということです。教会は、またキリスト者一人ひとりは、聖霊という武器が与えられている。しかし、この聖霊は、おまじないを唱えれば何でも、私どもの好むところにやってこられて、敵をやっつけてくださるということではない。私どもに言葉を与えていてくださる。その言葉を力あるものとしてくださるということであります。

明日からみ言葉を説き続けられる方たちも、この霊の剣を高くかざすことを練習する。いや、実際にそこで剣を高くかざす。この神の言葉によってのみ勝つのだということであります。そのためには一六節にあるように、なおその上にすべてに加えて信仰を盾として取る。真理も正義も平和も、私どものものではない。み子キリストがそのいのちを削って与えてくださったものですから、私どもはそのいのちのみわざを信じて受け入れる以外にない。そこに立つ以外にない。それが主の偉大な力によって強くなるということであります。

危機はまだ続きます。「危機」と訳される英語の言葉は「クライシス」というのです。クライシスとは「分かれ道」という意味です。分かれ道でうっかり道を間違えると危ないことになるという意味で、危機を意味しただけのことです。今日でこれまでの主日の礼拝は終わり、次の復活の主日、喜びの日には、新しく迎えた牧師がここに立つ。新しい歴史が始まる。しかし、これもひとつの危機です。新しい分かれ道、新しい道を皆さんはこの牧師たちと共に歩み始める。これから鎌倉雪ノ下教会の道が新しく定まってくる。東野牧師たちと共に歩まれた道は幸いなものでした。幸いであったから揺ぎを覚えた。しかし今、新しい道が始まる。そして、この牧師たちも皆さまも武器とするのは、神の言葉以外の何ものでもない。

ちょうどこの四月に、私が二〇年前に、皆さまと一緒に作った『雪ノ下カテキズム』の新しい版が刊行されます。四月中には出るはずであります。川﨑牧師も改めて『雪ノ下カテキズム』を大切に用いたいとおしゃっています。ぜひそうしていただきたい。私が書いたものですけれども、私の独自の神学が語られているわけではない。そういうものであるならば、私が辞めたときにさっさと破棄すべきであります。このカテキズムはこの二〇年の間に八〇〇〇部売れました。この教会だけで売り切れるものではありません。多くの教会が用いてくださったからです。多くの教会で、洗礼を受ける人びとが『雪ノ下カテキズム』で信仰に導かれた。驚くべきことであります。そして、感謝すべきことです。それどころではない。ドイツでもドイツ語になって刊行された。最初に印刷されたものは、三週間で売り切れました。ある書評のなかで、ハイデルベルク大学の教授は、これを「喜びのカテキズム」と呼んでくださいました。また、ある先生は、あの日本の宗教的・社会的な戦いを強いられるところで、日本の仲間たちがこういう信仰を言い表しているのかと思うと、われわれも励まされるという言葉を語ってくださいました。落合先生があるときに、「先生、『雪ノ下カテキズム』の将来についてどうお考えですか」と言われました。将来とは何かよく分かりませんでした。「たとえば『雪ノ下カテキズム』の六〇年後とか」と言われました。落合先生も生きているかどうか分からない。もちろん私は生きていない。しかし、私の願いは、そこでも『雪ノ下カテキズム』が生き続けることであります。つまり、この教会を支えている神の言葉に変わりはない。それを証ししている文章であればあるほど、このことを願わざるを得ない。

願わざるを得ないと言いました。ここでこの手紙はこう言います。「どのような時にも、〝霊〟に助けられて祈り、願い求め、すべての聖なる者たちのために、絶えず目を覚まして根気よく祈り続けなさい。また、わたしが適切な言葉を用いて話し、福音の神秘を大胆に示すことができるように、わたしのためにも祈ってください」。

「大胆に」という言葉は、二〇節にも繰り返される。語るべきことを大胆に話せるように、祈ってほしい。これはすべての説教者が願っていることです。新しく来る牧師たちも同じです。大胆に。自分が刑務所にいるかいないか、そんなことは関係ない。大胆さを奪う悪魔は、いつでも隙を狙っている。大胆に語れるように、私どもも、皆さまも。この手紙は最後に美しい言葉をもって終わる。

平和と、信仰を伴う愛が、父である神と主イエス・キリストから、兄弟たちにあるように。恵みが、変わらぬ愛をもってわたしたちの主イエス・キリストを愛する、すべての人と共にあるように。

皆さまの主イエス・キリストに対する愛が、変わらぬことをこころから願う。いや、変わらぬ愛であることを信じます。それゆえに、私もこの説教の最後に、説教の最初に口にしたように、改めてこれを祈りとして、ここでの務めを終えます。

平和と、信仰を伴う愛が、父である神と主イエス・キリストから、兄弟たちにあるように。恵みが、変わらぬ愛をもってわたしたちの主イエス・キリストを愛する、すべての人と共にあるように。アーメン

祈りをいたします。

しっかりと立ち続けることができて感謝します。新しい歩みが始まります。その歩みが揺るがぬ確かなものであり続けることができるように。ここでみ言葉を説くべく召されている伝道者たちの歩みを祝し、その言葉を祝し、これを聴く者たちの耳を祝し、自分たちもまた恵みを証しする言葉を、あなたがみ霊とみ言葉とをもって強め、きよめてくださいますように。主にあって、堅く立ち続け、ひるむことがなき教会であり続けることができますように。主イエス・キリスト

のみ名によって感謝し祈ります。アーメン

(2010.3.28)

あとがき

この説教集に収録されているエフェソの信徒への手紙の説教を語り終えたのは、今からちょうど一〇年前の二〇一〇年三月でした。それから一〇年の年月を経た二〇二〇年春、この「あとがき」を書いています。今このとき、世界中に新型コロナウイルスが蔓延し、この目には見えない、小さな悪魔に、ほとんどのひとが好むままに闊歩する自由を奪われております。自由に言葉を交わす喜びも味わえず、大勢で音楽に陶酔することもできません。いつもの商売すらままなりません。何よりも、神が命じられたように、信仰を共にする者が集まり、歌い、福音の言葉を語り、聴くことができなくなっております。人間の誰もが思いもつかず、誰も予言し、警告することもなかった災いに、世界中の者が途方に暮れております。やがて必ず、人類の知恵が、この小悪魔を追放することができるでしょうが、今、厳しい時を過ごしていることに変わりはありません。教会も困っています。エフェソの信徒への手紙を書き記したパウロが、今、私どもと共に生きていたら、何を語ったでしょうね。

昨年、二〇一九年春、私は九〇歳の誕生日を迎えておりました。いわゆる卆寿です。さまざまな形で、多くの方が祝ってくださいました。いつも共に説教を学んでいる説教塾の仲間たちが、記念に説教集出版を思い立ってくださいました。

一九九七年春まで、現役の牧師でした。六八歳で隠退し、国分寺市戸倉の地に住むようになりました。それまで語ってきた説教、特に鎌倉雪ノ下教会で、二八年間語り続けてきたものは、説教全集として教文館から出版していただきました。三〇巻になりました。隠退して二二年、主の日ごとに説教をすることはなくなりましたが、さまざまなところで説教をすることが許されました。その多くが録音されて残っております。説教塾の仲間の有志が、そのうちのいくつかを書き起こし、原稿として整えてくださいました。教文館が、それらを説教全集の続刊として刊行する企画を立ててくださいました。出版事情が思わしくないところで、多くの方のご好意で、思いがけなく企画が進み、九一歳の誕生日を迎えたところで実現することになりました。とても感謝し、喜んでおります。

その最初の一冊は、二〇〇九年春から一年間、かつて牧師であった鎌倉雪ノ下教会の礼拝で語ったエフェソの信徒への手紙の説教です。この説教をするに至った事情は、説教のなかで繰り返し語られております。私の辞任後、着実な伝道をしておられた東野尚志・ひかり牧師夫妻が思いがけない事情で退任となり、後任牧師が決まったものの、着任まで一年待つことになり、私がお手伝いをすることになったのです。ほぼ毎月一回、礼拝で説教をし、聖礼典を司式しました。説くべきみ言葉としてエフェソの信徒への手紙が与えられました。毎主日ではなかったので、厳密な意味での連続講解説教をすることはできませんでした。そこで、説教のなかで再三繰り返されておりますが、教会員と共に、このパウロの手紙の言葉を、許された仕方で、ひたすら〈聴く〉ことにしました。一種の共同黙想をしたのです。そのために独自のスタイルの説教になったと思います。辞任後一〇年の間に、新しい顔ぶれも増えましたが、二八年間、共にみ言葉を聴き続けた信仰の仲間との間には、独特の信頼感がありました。その仲間と共に膝を交えて、聖書を開き、読み、聴き、黙想をしました。私は私なりにギリシア語原文を読み、内外の聖書翻訳にも耳を傾け、いくつかの注解書もひもときました。真剣な学びでしたが、楽しくもありました。独特なみ言葉経験をさせていただきました。

この書物が生まれるためにも、伝道・牧会に多忙な説教塾の兄弟姉妹が原稿書き起こしの努力を重ねてくださいました。説教全集を手がけてくださった教文館社長の渡部満さん、出版部の髙木誠一さんに、とてもお世話になりました。皆さまにこころから感謝いたします。

また本書を入手し、新しい思いでエフェソの信徒への手紙の言葉に耳を傾けてくださる方たちに、共にみ言葉に生かされる者としてのご挨拶を送ります。このような形で神の言葉に共に耳を傾け、神の霊に生かされる交わりを造ることが許され、感謝いたします。

二〇二〇年四月一五日　九一歳の誕生日に　国分寺市戸倉の地で

加藤常昭

《著者紹介》

加藤常昭（かとう・つねあき）

1929年、ハルピンに生まれる。東京大学文学部哲学科卒業、東京神学大学大学院修士課程修了。1986年まで東京神学大学教授（実践神学）。1986／87年、ハイデルベルク大学客員教授。1995／97年、国際説教学会会長。1997年まで日本基督教団鎌倉雪ノ下教会牧師。現在、説教塾主宰、日本基督教団隠退教師。

著書　『聖書の読み方』『信仰への道』『祈りへの道』『教会に生きる祈り』『黙想　十字架上の七つの言葉』『ハイデルベルク信仰問答講話』『教会生活の手引き』『改訂新版　雪ノ下カテキズム』『加藤常昭信仰講話』（全７巻）『説教論』『愛の手紙・説教』『出来事の言葉・説教』『説教批判・説教分析』『竹森満佐一の説教』ほか。

訳書　E.トゥルンアイゼン『牧会学』、R.ボーレン『説教学』『神が美しくなられるために』『預言者・牧会者　エードゥアルト・トゥルンアイゼン』、R. v.ヴァイツゼッカー『想起と和解』『良心は立ち上がる』、Chr.メラー『慰めの共同体・教会』『慰めのほとりの教会』『魂への配慮の歴史』（全12巻）、F. G.イミンク『信仰論』、F. シュライアマハー『神学通論』、『説教黙想集成』（全３巻）、『ドイツ告白教会の説教』など多数。

加藤常昭説教全集34

エフェソの信徒への手紙

2020年８月30日　初版発行

著　者　加藤常昭

発行者　渡部　満

発行所　株式会社　教文館

〒104-0061　東京都中央区銀座4-5-1　電話 03(3561)5549　FAX 03(5250)5107
URL http://www.kyobunkwan.co.jp/publishing/

印刷所　モリモト印刷株式会社

配給元　日キ販 〒162-0814 東京都新宿区新小川町9-1 電話 03(3260)5670 FAX 03(3260)5637

ISBN978-4-7642-2744-6